BEI GRIN MACHT SICH IHR WISSEN BEZAHLT

- Wir veröffentlichen Ihre Hausarbeit,
  Bachelor- und Masterarbeit

- Ihr eigenes eBook und Buch -
  weltweit in allen wichtigen Shops

- Verdienen Sie an jedem Verkauf

Jetzt bei www.GRIN.com hochladen
und kostenlos publizieren

Ewald Finkbeiner

Der Markt in Europa. Ein Tätigkeitsfeld für Sachverständige des Handwerks

Eine Untersuchung im deutschen Handwerk

GRIN Verlag

Bibliografische Information der Deutschen Nationalbibliothek:

Die Deutsche Bibliothek verzeichnet diese Publikation in der Deutschen National-
bibliografie; detaillierte bibliografische Daten sind im Internet über http://dnb.d-
nb.de/ abrufbar.

Impressum:

Copyright © 2010 GRIN Verlag GmbH
Druck und Bindung: Books on Demand GmbH, Norderstedt Germany
ISBN: 978-3-656-59090-3

Dieses Buch bei GRIN:

http://www.grin.com/de/e-book/267886/der-markt-in-europa-ein-taetigkeitsfeld-
fuer-sachverstaendige-des-handwerks

TURUN AMMATTIKORKEAKOULU
TURKU UNIVERSITY OF APPLIED SCIENCES

extensive project report

Der Markt in Europa - Ein Tätigkeitsfeld für Sachverständige des Handwerks

- eine Untersuchung im deutschen Handwerk

Ewald Finkbeiner

EXECUTIVE MBA

Year 2010

TURKU UNIVERSITY OF APPLIED SCIENCES   ABSTRACT

MASTER OF BUSINESS ADMINISTRATION

Name: Ewald Finkbeiner

Title: The market in Europe – An activity for experts of the craft - A study in the German trade

EXECUTIVE MBA

Date: 6.11.2010   Total number of pages: 93

On 28 December 2009, Directive 2006/123EC came into force. This service[1] makes it easier for European services companies in all EU member states to take action. This finally leads for the authorised experts to freedom, to provide services and the right of establishment.

As a result there are new possibilities for the experts of the craft of carrying out their work across borders. Using an empirical survey among the officially appointed and sworn experts of the craft, actually utilized market potential and future development could be identified.

The findings show, that the experts of the craft have good prospects on the European market due to their high quality standard. The thesis shows that the experts of the German trades intend in future to be more active in the European market.

Through the newly gained knowledge is also evident, that for the officially appointed and sworn experts of the craft, a Europe-wide uniform recognition of their activity will be a prerequisite for the future, because between the European experts, the German model of appointment has not been able to assert itself.

Therefore the officially appointed and sworn expert cannot permanently deprive from a European-compliant recognition form.

Advantageous for his European-wide activity, the expert can "certificate" himself with an approved certification authority after DIN EN ISO/IEC 17024 and reaches therefore an international recognition.

Keywords: European Service; DIN EN ISO/IEC 17024; recognition

Deposit at: Turku University of Applied Sciences

---

[1] Richtlinie 2006/123/EG des Europäischen Parlaments und des Rates vom 12.12.2006 über Dienstleistungen im Binnenmarkt, Amtsblatt der Europäischen Union, L 376/36 DE, Ausgabe 27.12.2006

Inhaltsverzeichnis

1 Einleitung mit Ziel der Arbeit und der Master-These

1.1 Problemstellung

Durch die europäische Dienstleistungsrichtlinie wird es für Serviceunternehmen leichter in allen Mitgliedsstaaten tätig zu werden. Daraus ergeben sich auch für die Sachverständigen des Handwerks neue Möglichkeiten, ihre Arbeit grenzüberschreitend auszuüben. Der Zusammenschluss von den derzeit 27 europäischen Ländern, führt letztendlich auch für das Sachverständigenwesen, zu einer uneingeschränkten Dienstleistungs- und Niederlassungsfreiheit. Diese findet ihre rechtliche Norm in der EU-weiten und normierten Dienstleistungsrichtlinie[2]. Diese Dienstleistungsrichtlinie musste von den Mitgliedstaaten bis zum 28. Dezember 2009 vollständig umgesetzt werden.

Durch die zunehmende Europäisierung von Auftraggebern und die Zusammenarbeit mit europäischen Partnern, entstehen zusätzliche Betätigungsfelder für Sachverständige. Verstärkt wird dies durch die europäische Deregulierungspolitik, die eine weitere Öffnung des Marktes begünstigt. Zusätzlich zeigt sich eine stete Erweiterung der EU, insbesondere im osteuropäischen Raum[3].

1.1.1 Das Ziel der Arbeit

In dieser Arbeit wird untersucht, wie weit die öffentlich bestellten und vereidigten Sachverständigen des Handwerks bereit oder in der Lage sind, diese neuen Möglichkeiten zu nutzen bzw. diesen Markt für sich zu erschließen. Die wissenschaftliche Arbeit soll die zukünftige Entwicklung und ihr mögliches Marktpotential aufzeigen.

1.2 Untersuchungsmethode

1.2.1 Untersuchung der Sachverständigentätigkeiten

Untersucht werden die Qualitätsstandards und die Anforderungen an die Sachverständigen. Mittels einer Umfrage werden die Auslandsaktivitäten der öffentlich bestellten und vereidigten

---

[2] Richtlinie 2006/123/EG des Europäischen Parlaments und des Rates vom 12.12.2006 über Dienstleistungen im Binnenmarkt, Amtsblatt der Europäischen Union, L 376/36 DE, Ausgabe 27.12.2006
[3] Vgl. Floter, B. (2007). Das Sachverständigenwesen in Europa - Aktuelle Fragen, Antworten und Perspektiven. In: Der Sachverständige, 34. Jg. S. 11 München Frankfurt am Main: Verlag C. H. Beck.

Sachverständigen im deutschen Handwerk ermittelt. Dadurch können die Marktanteile ermittelt und die zukünftige Entwicklung daraus abgeleitet werden.

Im Rahmen dieser Untersuchung ist zu klären:

- Welche Aufgaben kann ein Sachverständiger erledigen?
- Gibt es Qualitäts- und Anforderungsstandards?
- Sind die Anforderungen und die Qualität der Sachverständigen in Europa vergleichbar?
- Ist der Sachverständige des Handwerks bereit und in der Lage europaweit tätig zu werden?
- Können sich Vorteile durch eine Zertifizierung der Sachverständigen bei einer aner-kannten Zertifizierungsstelle nach EN ISO/IEC 17024 ergeben?

1.2.2 Untersuchung der europäischen Marktaktivität

Ermittelt werden soll, ob die Sachverständigen im Handwerk das zusätzliche europäische Marktpotential[4] nutzen, oder es in Zukunft nutzen wollen.

Als Methode dient hierzu eine empirische Umfrage bei öffentlich bestellten und vereidigten Sachverständigen des Handwerks. Die Auslandaktivitäten der öffentlich bestellten und vereidigten Sachverständigen des Handwerks werden anhand dieser Umfrage festgestellt und dokumentiert. Durch die Umfrage wird auch die beabsichtigte zukünftige Aktivität der Sachverständigen und deren voraussichtliche Entwicklung dargestellt und ermittelt.

Der empirischen Untersuchung geht ein Pretest voraus. Dadurch findet eine wissenschaftliche Evaluierung der Befragungsmethode und des Befragungsumfangs statt.

1.3 These der Masterarbeit und ihr Neuigkeitswert

1.3.1 These der Masterarbeit

Die Master These wird nachfolgend formuliert:

„Die Tätigkeiten von Sachverständigen des Handwerks werden sich in Zukunft verstärkt auf die Europäische Union (EU) ausweiten."

---

[4] Vgl. Reinicke, S. (2004). Marketing–Performance–Management. Empirisches Fundament und Konzeption für ein integriertes Marketingkennzahlensystem. 1. Aufl. Wiesbaden: Deutscher Universitäts-Verlag/GWV Fachverlag GmbH. S. 199

In Bezug auf die europäischen Märkte können sich für die Sachverständigen des Handwerks durch eine Zertifizierung bei einer anerkannten Zertifizierungsstelle nach ISO/IEC 17024 Vorteile ergeben.

1.3.2 Zusammenstellung der Arbeit

Die Anforderungen und Qualitätsstandards, die von einem Sachverständigen in Europa, Deutschland und im Handwerk erwartet werden, sind im ersten Hauptteil untersucht. Belegt wird dies mit:

- Einem europäischen Vergleich von Qualitätsstandards und Anforderungen an den Sachverständigen[5].
- Die Voraussetzungen und Zulassung für öffentlich bestellte und vereidigte Sachverständige im deutschen Handwerk.
- Den neuen EU-Richtlinien zur weiteren Öffnung des europäischen Binnenmarktes.

Um dies umzusetzen, ist die These in insgesamt drei Teilthesen[6] unterteilt:

Teilthese 1:

Die Anforderungen und Leistungen an die Sachverständigen sind in der Europäischen Union (EU) vergleichbar.

Teilthese 2:

Der öffentlich bestellte und vereidigte Sachverständige erfüllt die Anforderungen der Personenzertifizierung nach EN ISO/IEC 17024 und kann sich somit zertifizieren lassen.

Teilthese 3:

Durch die besonderen Sachkenntnisse auf seinem Bestellungsgebiet ist der öffentlich bestellte und vereidigte Sachverständige des Handwerks fachlich geeignet für den europäischen Markt

---

[5] Vgl. Bleutge, K. (2006). Das Sachverständigenwesen in Europa- Aktuelle Fragen und Antworten 1. Aufl. Köln: asmuth satz & druck.
[6] Vgl. Diekmann, A. (2005). Empirische Forschung. Grundlagen, Methoden. Reinbek: Rowohlt Verlag. S. 107

1.3.3 Erkenntnisse der Arbeit

Die nachstehende Masterarbeit belegt, dass sich durch die Öffnung des europäischen Binnenmarktes neue Marktchancen für die Sachverständigen des Handwerks ergeben.

Es wird nachgewiesen, dass die Anforderungen und auch die persönlichen Voraussetzungen an einen Sachverständigen ein hohes Niveau besitzen. Ein europaweiter Vergleich der Anforderungen und Qualitätsstandards der Sachverständigen verdeutlicht das hohe Ansehen und die Akzeptanz der Arbeit von Sachverständigen in Deutschland und in Europa. Auch wird ersichtlich, dass eine einheitliche Anerkennung der Sachverständigen für einen gemeinsamen europäischen Markt eine Grundvoraussetzung darstellt[7].

1.3.4 Neuigkeitswert der Arbeit

Durch die Umfrage wird ersichtlich, ob und in welchem Umfang die Sachverständigen des Handwerks den europäischen Markt nutzen. Außerdem wird ersichtlich, in welchem Umfang sie in Zukunft beabsichtigen auf dem europäischen Markt tätig zu werden.

---

[7] Vgl. Floter, B. (2007). a.a.O. S. 12

2 Allgemeine Informationen über die Arbeit von Sachverständigen

Für alle Lebensbereiche gibt es Sachverständige. Diese Experten haben die Aufgabe, die komplexen Sachverhalte ihres Fachgebietes, sei es nun im Handwerk, in der Medizin, in der Politik, sowie in vielen anderen Lebensbereichen, Laien zu erklären und allgemein verständlich zu machen.

2.1 Was ist ein Sachverständiger?

Ein Sachverständiger ist eine unabhängige, unparteiische, sowie integere Person, die auf einem oder mehreren bestimmten und eng abgegrenzten Sachgebieten über besondere Kenntnisse und Erfahrungen verfügt. Diese Sachkunde stellt der Sachverständige anderen Personen oder Einrichtungen, einschließlich Gerichten, in der Regel gegen Entgelt zur Verfügung[8].

Im allgemeinen Sprachgebrauch wird unter dem Begriff Gutachter häufig ebenfalls ein Sachverständiger verstanden, da der Sachverständige hauptsächlich Gutachten zu bestimmten Sachen oder Sachverhalten anfertigt. Allerdings kann der Sachverständige auch beratend tätig sein, oder bestimmte Prüf- und Überwachungsaufgaben durchführen.

2.1.2 Wer darf sich als Sachverständiger bezeichnen?

Der Begriff "Sachverständiger" ist nicht geschützt. Es ist aber auch hier unter wettbewerbsrechtlichen Gesichtspunkten darauf zu achten, dass die behaupteten besonderen Fachkenntnisse und Erfahrungen tatsächlich vorhanden sind[9].

Sachverständige sind dem Begriff nach Personen mit besonderer Sachkunde und Erfahrung auf einem bestimmten Fachgebiet. Ihre Gutachten sind im Wirtschafts- und Rechtsleben unentbehrlich. Die Berufsbezeichnung "Sachverständiger" ist in Deutschland kein geschützter Titel. Das Bundesverwaltungsgericht sagt dazu:

„Es darf sich nur derjenige "Sachverständiger" nennen, der den, von der durch diese Tätigkeit „angesprochenen Verkehrskreis" überwiegend erhofften Erwartungen, entspricht. Diese sind

---

[8]   Beitrag der IHK. (Hrsg.). Überblick über die Aufgaben von Sachverständigen, (FAQ), Link:
http://svv.ihk.de/svv/content/home/faq.ihk?cid=122044, 22.6.2010
[9]   Vgl. Haas, R. /Frost, A. (2009). Der Sachverständige des Handwerks Grundlagen. Checklisten. Praxisbeispiele. 6. Aufl. Stuttgart: Alfons W. Genter Verlag GmbH & Co. KG. S. 24

insbesondere: Eine erforderliche Sachkunde, ein uneingeschränktes fundiertes Fach- und Er-
fahrungswissen (Berufserfahrung), sowie ein Nachweis darüber, wie er den erforderlichen
Sachverstand erworben hat"[10].

2.1.3 Was sollte ein Sachverständiger können?

Ein Sachverständiger sollte in der Lage sein, fachlich komplizierte Sachverhalte für den Laien
verständlich und nachvollziehbar darzustellen, um somit zwischen der „Fachwelt" und dem
Laien zu vermitteln[11].

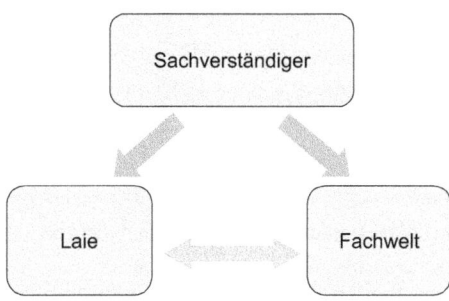

Abbildung 1: Der Sachverständige fungiert als Vermittler

2.1.4 Für welche Sachgebiete werden Sachverständige gebraucht?

Es gibt mehr als 200 verschiedene Sachgebiete für Sachverständige, die das Spektrum der
Technik, Wirtschaft, Medizin, Naturwissenschaft, Kunst und Handwerk im weitesten Sinne des
Wortes umfassen[12].

2.1.5 Weshalb werden Sachverständige benötigt?

In der anspruchsvollen Arbeitswelt, werden Experten für eine Vielzahl von Arbeiten benötigt.
Die Sachverständigen, die über eine besonders hohe Sachkunde auf ihrem Fachgebiet verfügen, werden hier für viele Entscheidungsprozesse gebraucht.
Regierungen und Parlamente des Bundes und der Länder, lassen sich z.B. von Sachverstän-
digen-Kommissionen beraten. Gerichte benötigen Sachverständige zur Aufklärung der tatsächlichen Sachverhalte, um diese anschließend juristisch richtig einordnen zu können.
Versicherungen setzen sie zur Schadensermittlung und -bewertung ein. Unternehmer brauchen

---

[10] Zitat BVerwG, Urteil vom 6.2.1997 - I ZR 234/94 (OLG München)
[11] Vgl. Floter, B. (2007). a.a.O. S. 9
[12] Vgl. Staud, M. (2004). The remuneration of Experts in Europe - a Comparision, Leipzig: Mitgliederversammlung IfS.

sie, um berechtigte Ansprüche zu begründen und unberechtigte Ansprüche abzuwehren. Der Verbraucher ist auf sie angewiesen, wenn er einen Bauschaden beweisen will, sein Hausgrundstück zu Beleihungszwecken bewerten lassen muss, sein Kraftfahrzeugschaden beziffert werden soll oder irgendeine andere Schadensursache untersuchen oder Vermögensbewertung vornehmen lassen möchte. Darüber hinaus werden Sachverständige gebraucht, wenn gefährliche und überwachungsbedürftige Anlagen, sicherheitsrelevante Einrichtungen oder gesundheitsgefährdende Produkte in periodischen Zeitabständen zu überprüfen sind.

2.2 Welche Aufgaben erledigen Sachverständige?

Sachverständige nehmen aufgrund ihrer Sachkunde und Erfahrung zu tatsächlichen Sachverhalten Stellung und erteilen fachlichen Rat, beantworten aber keine Rechtsfragen. Auch haben Sachverständige die Aufgabe, den vom jeweiligen Auftraggeber vorgegebenen Sachverhalt, unparteiisch, unabhängig, objektiv und fachlich korrekt zu beurteilen oder zu bewerten. Das Sachverständigengutachten muss von jedermann, dem das Gutachten vorgelegt wird, akzeptiert werden können. Der Sachverständige muss also glaubhaft und vertrauenswürdig sein, so dass seine gutachterliche Aussage wie eine Urkunde ist. Mit Hilfe seiner Gutachten können gerichtliche Streitigkeiten vermieden, oder falls es doch dazu kommen sollte, richtige und gerechte Entscheidungen getroffen werden.

Nach allgemeiner Auffassung hat ein Sachverständiger insbesondere folgende Aufgaben zu erfüllen[13]:

- **Feststellung von Tatsachen**
  Zum Beispiel die Feststellung von Bauschäden.

- **Schlussfolgerungen aus Tatsachen**
  Zum Beispiel die Ursachenermittlung von Unfallschäden, Bauschäden, Funktionsmängel von Maschinen und anderen technischen Einrichtungen.

- **Darstellung von Erfahrungssätzen**
  Zum Beispiel die Bewertung von Grundstücken, Kraftfahrzeugen, Häusern und Einrichtungen.

---

[13] IfS (Hrsg.). Beitrag Institut für Sachverständigenwesen e.V. Startseite Sachverständige, Link: http://www.ifsforum.de/detail.php?id=1635&parent=, 71, 22.6.2010

2.2.1 Überblick über die Aufgaben eines Sachverständigen

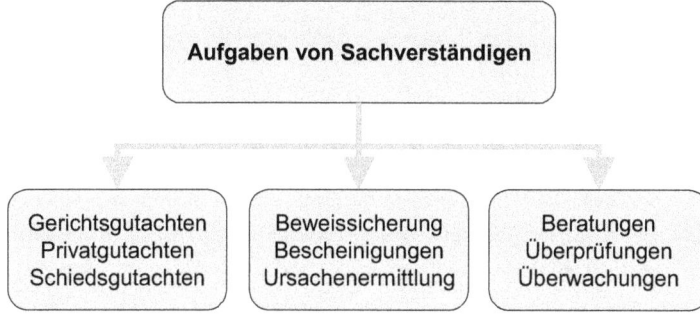

Abbildung 2: Aufgaben von Sachverständigen

2.2.2 Auftraggeber von Sachverständigenleistungen

Die Dienstleistung von Sachverständigen kann jeder in Anspruch nehmen. Dabei sind die Hauptauftraggeber, Gerichte, Behörden, Banken, Versicherungen, Industrieunternehmen, aber auch zahlreiche Privatpersonen.

2.3 Zusammenfassung über die Arbeit von Sachverständigen:

Die Wirtschaft würde ohne die Arbeit der Sachverständigen nicht funktionieren und die Rechts-systeme wären ohne die Arbeit der Sachverständigen nicht leistungsfähig[14].

Fazit:
Durch die Arbeit von Sachverständigen können fachlich komplizierte Sachverhalte nachvollziehbar dargestellt werden. Durch seine besondere Sachkunde ist er in der Lage zwischen der „Fachwelt" und den Laien zu vermitteln.

---

[14] Vgl. Haas, R./Frost, A. (2009). a.a.O. S. 25

3 Das Sachverständigenwesen in der Europäischen Union

3.1 Die Europäische Union

Die Europäische Union (EU) ist mit 27 Staaten und knapp einer halben Milliarde Menschen wirtschaftlich ein bedeutender Zusammenschluss in der Welt. Die EU basiert auf gemeinsamen Werten und Grundrechten. Die Mitgliedsstaaten der Europäischen Union geben ihre nationale Souveränität ab, um sie auf europäischer Ebene gemeinsam auszuüben. Auch in Deutschland lässt sich nicht mehr alles auf nationaler Ebene regeln, denn viele Zuständigkeiten sind in die europäischen Institutionen verlagert. Die europäische Union ist nicht perfekt, vieles läuft nicht rund, manches ist bürokratisch und alles ist kompliziert. Doch im Ergebnis tut Europa allen gut[15].

Abbildung 3: Europakarte mit den Mitgliedsländern der europäischen Union[16]

---

[15] Vgl. Strahlenschulde, E. D. (2007). EUROPA EIN (ÜBER) BLICK Zeitbilder, Bonn: (Hrsg.) Bundeszentrale für politische Bildung, S. 168

[16] Europäische Länder. Link: http://europa.eu/abc/european_countries/index_de.htm, 28.6.2008

3.1.1 Die Bevölkerungszahlen der Europäischen Union

Die 27 Mitgliedsländer der Europäischen Union[17]

Bevölkerung der EU am 1. Januar 2007

Land	Grafischer Anteil	Bevölkerung	rel. [%]
Deutschland (DE)		82,3 Mil.	16,62 %
Frankreich (FR)		63,4	12,80 %
Ver. Königreich (UK)		60,9	12,31 %
Italien (IT)		59,1	11,94 %
Spanien (ES)		44,5	8,99 %
Polen (PL)		38,2	7,72 %
Rumänien (RO)		21,6	4,36 %
Niederlande (NL)		16,3	3,29 %
Griechenland (EL)		11,2	2,26 %
Portugal (PT)		10,6	2,14 %
Belgien (BE)		10,6	2,14 %
Tschechische Republik (CZ)		10,3	2,08 %
Ungarn (HU)		10,1	2,04 %
Schweden (SE)		9,0	1,82 %
Österreich (AT)		8,3	1,68 %
Bulgarien (BG)		7,7	1,56 %
Dänemark (DK)		5,4	1,09 %
Slowakei (SK)		5,4	1,09 %
Finnland (FI)		5,3	1,07 %
Irland (IE)		4,3	0,87 %
Litauen (LT)		3,4	0,69 %
Lettland (LT)		2,3	0,46 %

---

[17] Die EU auf einen Blick. Link: http://europa.eu/abc/european contries/index de.htm, 1.7.2010

Slowenien (SI)	⬚	2,0	0,40 %
Estland (EE)	⬚	1,3	0,26 %
Zypern (CY)	⬚	0,8	0,16 %
Luxemburg /LU)	|	0,4	0,08 %
Malta	|	0,4 Mio.	0,08 %
EU-Mitgliedsländer	Gesamt 27 Staaten	495 Mio.	100 %
EuroExpert Organisation	Zur Zeit 6 Staaten	290.4Mio.	58,66 %

Tabelle 1: Mitgliedstaaten der Europäischen Union. Quelle Eurosat[18]

3.2 Ziele des Sachverständigenwesens in Europa

In dem immer enger zusammenwachsenden Wirtschaftsraum der Europäischen Union, werden auch im Sachverständigenwesen einheitliche Grundlagen, in Bezug auf Vergleichbarkeit und Anwendung, benötigt. Die länderspezifischen Unterschiede im Sachverständigenwesen müssen auch hier zusammengeführt werden. Dadurch soll eine europaeinheitliche Qualität von Sachverständigenleistungen gewährleistet werden, die grenzüberschreitend von den Marktteilnehmern, Behörden und Gerichten in Anspruch genommen werden kann. Die fachlichen Kompetenzen von Sachverständigen müssen von allen Beteiligten in der Gemeinschaft uneingeschränkt akzeptiert werden können[19].

3.2.1 Unterschiede in der Organisation des Sachverständigenwesens

Vergleicht man zum Beispiel die Anerkennung von Sachverständigen in England und Deutschland, werden die in den einzelnen EU-Mitgliedstaaten bekanntlich großen Unterschiede bei der Organisation des Sachverständigenwesens deutlich. Die öffentliche Bestellung und Vereidigung von Sachverständigen gibt es nur in Deutschland. So gibt es in England zum Beispiel keine „offiziellen" Listen, in denen Sachverständige aufgeführt werden. Die Anerkennung ist vielmehr privat geregelt. Zwar gleicht die Anerkennung des englischen Sachverständigen durch die „Academy of Experts" in England dem deutschen Verfahren zur öffentlichen Bestellung und Vereidigung, dennoch wird deutlich, dass das Sachverständigenwesen in den Mitgliedsstaaten der EU ganz unterschiedlich organisiert ist[20].

---

[18] Das Portal der Europäischen Union. (Hrsg.). Fakten und Zahlen über Europa und die Europäer. Link: http://europa.eu/abc/keyfigures/sizeandpopulation/howmany/index_de.htm#chart, 4.3.7.2010
[19] Vgl. Cors, K. (2006). Handbuch Sachverständigenwesen. 4. Aufl. Essen: Vulkan Verlag. S. 80
[20] Vgl. Flotter, B. (2006). Das Sachverständigenwesen in Europa. In: Der Sachverständige, 33. Jg. S. 8. München. Frankfurt am Main: C. H. Beck Verlag.

Die nationalen Unterschiede im Sachverständigenwesen verdeutlichen, wie wichtig einheitliche und grenzüberschreitende Regelungen sind. Deshalb war es wichtig, eine einheitliche Norm der Zertifizierung einzuführen.

3.2.2 Anerkennung von Zertifizierungsstellen für Sachverständige

Die Norm EN ISO/IEC 17024 wurde mit dem Ziel erarbeitet, eine weltweite Vergleichbarkeit für Stellen, die Personen bzw. hier Sachverständige zertifizieren, zu erreichen. Diese Zertifizierungsstellen müssen die nötige Kompetenz, Ausbildung und Erfahrung mitbringen. Dafür wurde die Personenzertifizierung nach der EN 45013 durch die **weltweit anerkannte Norm ISO/IEC 17024 abgelöst**. Sie wurde von einer Arbeitsgruppe der Internationalen Organisation für Normung (ISO) sowie der Internationalen Elektrotechnischen Kommission (IEC) erarbeitet. Grundlage für die Ausarbeitung der Norm sind die Anforderungen der EN 45013. Mit der Einführung der Norm wurden die Anforderungen an die Zertifizierungsstelle und an ihr Personal sowie die Aufgaben der Zertifizierungsstelle zur Durchführung des Zertifizierungsprozesses erweitert und ausführlicher beschrieben.

3.2.3 Bedürfnis nach gemeinsamen Standards

Mit der steigenden Internationalisierung steigt auch die Nachfrage an qualifizierten Sachverständigen, die grenzüberschreitend tätig werden. Damit wächst das Bedürfnis nach gemeinsamen Standards, die eine vergleichbare Qualifikation der Sachverständigen und der für sie zuständigen Organisationen in den jeweiligen Mitgliedstaaten sicherstellen[21].

3.2.4 Das Institut für Sachverständigenwesen (IfS) und Europa

Qualifizierte Sachverständige sind auch bei grenzüberschreitenden Streitigkeiten kaum mehr wegzudenken. Damit steigt ständig der Bedarf an vergleichbaren und grenzüberschreitenden Qualitätsstandards im europäischen Sachverständigenwesen. Das Generalsekretariat der europäischen Sachverständigen-Organisation „EuroExpert", ist beim Institut für Sachverständigenwesen e.V. (IfS) in Köln angesiedelt[22].

---

[21] Vgl. Bleutge, K.(2008). Das Sachverständigenwesen in Europa – andere Länder andere Sitten? In: Der Sachverständige, 35. Jg. S. 283. München Frankfurt am Main: C. H. Beck Verlag.
[22] Vgl. Floter, B. (2007). a.a.O. S. 9

3.3 Die europäische Organisation für Sachverständige

In Europa hat diese Entwicklung dazu geführt, dass bereits 1988 die Organisation EuroExpert, von verschiedenen nationalen Sachverständigenorganisationen gegründet wurde. Die europäische Sachverständigenorganisation „EuroExpert" hat in den letzten Jahren erfolgreich daran gearbeitet, Standards zu entwickeln und umzusetzen. Diese sind als verbindliche Anforderungen von den Sachverständigen und ihren Organisation in den Mitgliedsländern übernommen worden[23].

Mitglieder von EuroExpert

Austria Hauptverband der allgemein beeideten und gerichtlich zertifizierten Sachverständigen Österreichs	**Czeck Republic** Komora soudních znalců ČR, o.s.
France Conseil National des Compagnies d'Experts de Justice	**Germany** Bundesverband öffentlich bestellter und vereidigter sowie qualifizierter Sachverständiger e. V.
Spain Consejo General de Peritos	**United Kingdom** The Academie of Experts
Hungary Magyar Igazságügyi Szakértõi Kamara	**Portugal** Associação Portuguesa dos Avaliadores de Engenharia

Abbildung 4: Mitglieder von EuroExpert

Die führenden nationalen Sachverständigenverbände der EuroExpert Länder sind hier als Mitglieder vertreten.

Diese acht Mitgliedsländer der internationalen Sachverständigenorganisation von EuroExpert vertreten jedoch 58,6 % der Gesamtbevölkerung in der Europäischen Union (s. Abb. 4)

---

[23] EuroExpert - Die Organisation für europäische Fachgesellschaften. Link: http://cms.euroexpert.org/cms/front_content.php?idart=, 52, 4.7.2010

3.3.1 Qualitätsstandards im Europäischen Vergleich

EuroExpert hat eine Umfrage durchgeführt, die durch das Institut für Sachverständigenwesen e.v. (IfS), dem Bundesverband öffentlich bestellter und vereidigter Sachverständiger e.v. (BVS) (beide Deutschland) und dem Hauptverband der allgemein und gerichtlich zertifizierten Sachverständigen Österreichs, unterstützt wurde. Bei den verschiedenen Umfragen und Studien wurden u.a. Anforderungen an die Qualität von Sachverständigenleistungen, sowie Rechte und Pflichten von Sachverständigen in den Mitgliedsländern abgefragt[24].

3.3.2 Anforderung an die Qualität von gerichtlichen Sachverständigenleistungen

Die nachfolgende Zusammenfassung gibt einen Überblick über die Anforderungen an die Qualität von Sachverständigenleistungen in den Mitgliedsländern von EuroExpert.

Deutschland

Es gibt keine gesetzlichen Vorschriften, die die Form und Darstellung eines Gutachtens regelt. Die Regelungen finden sich hier in den Sachverständigenordnungen und den einzelnen Bestellungsvoraussetzungen. Form und Darstellung ergeben sich aus der grundsätzlichen Logik zum Aufbau eines Sachverständigengutachtens. Das Gutachten befasst sich zuerst mit der Feststellung der Tatsachen, im Anschluss dazu, mit dem aus diesen Tatsachen zu ziehenden Schlussfolgerungen. Abschließend wird die konkrete Fragestellung unter der Berücksichtigung, der aus den Tatsachen abgeleiteten Schlussfolgerungen ausgearbeitet.

Österreich

Im Zivilprozess können Gutachten mündlich und schriftlich erstattet werden. Es muss für die Richter und die Prozessparteien verständlich und nachvollziehbar begründet sein. Bei schriftlichen Gutachten ist am Anfang der gerichtliche Auftrag und das sich daraus ergebende Beweisthema darzustellen. Die gutachterlichen Wertungen sind zu begründen und die Informationsquellen sind anzugeben. Der Sachverständige soll zum Schluss seine Wertungen möglichst allgemein verständlich zu einem Ergebnis zusammenfassen.

England

Hier ist die Form und Darstellung eines Gutachtens in den Richtlinien festgeschrieben. Zudem gibt die „Acedademy of Experts" ein Musterformular für Gutachten heraus, das von dem juris-

---

[24] Vgl. Bleutge, K. (2006). a.a.O. S. 21.

tischen Komitee entwickelt wurde. Es gibt in England festgelegte Anforderungen an den Aufbau, die Nachvollziehbarkeit und die Begründung des Gutachtens[25].

Frankreich

Das Gutachten muss nur eine schriftliche Zusammenstellung der Tatsachen und Ereignisse enthalten[26].

Portugal

Das Gutachten muss nachvollziehbar begründet sein und alle Fragen des richterlichen Beweisbeschlusses detailliert beantworten[27].

Tschechien, Ungarn und Slowenien:

Das Gutachten muss in der Regel schriftlich ausformuliert sein, es ist aber auch eine mündliche Protokollierung möglich. Es macht keinen Unterschied, ob die Sachverständigenleistung mündlich oder schriftliche erbracht werden, wichtig ist, dass die entscheidenden Fakten und Daten und die daraus begründeten Schlussfolgerungen beinhaltet sind.

3.3.3 Vergleich der Qualität der gerichtlichen Sachverständigenleistungen

Nicht nur die Anforderung an die Qualifizierung der gerichtlichen Sachverständigen, auch die Qualität von Sachverständigenleistungen ist auf einem vergleichbaren Standard in Europa[28].

---

[25] Vgl. Floter, B. (2007). a.a.O. S. 8
[26] Vgl. Bleutge, K. (2006). a.a.O. S. 53
[27] Vgl. Floter, B. (2007). a.a.O. S. 8
[28] Vgl. Bleutge, K. (2008). a.a.O. S. 283

3.4 Einheitliche Standards bei EuroExpert

Die gemeinsamen Standards, die diese Mitgliedsstaaten erarbeitet und als verbindliche Anforderungen an die Sachverständigen und ihre Organisation übernommen haben, sind nachfolgend dargestellt:

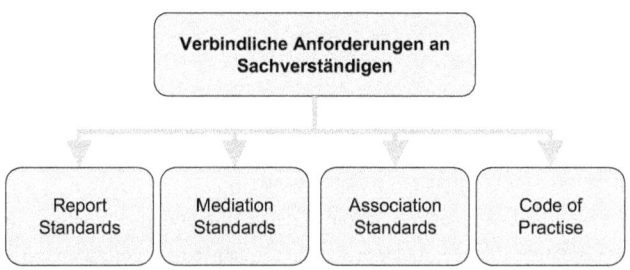

Abbildung 5: Einheitliche Standards von den EuroExpert Ländern

3.4.1 Code of Practice

Der „Code of Practice" legt die Anforderungen an die fachliche und persönliche Integrität der einzelnen Sachverständigen aus den jeweiligen Mitgliedstaaten fest. Die Mitglieder haben sich verpflichtet, nur Sachverständige in ihre Organisationen aufzunehmen, die diese Voraussetzungen erfüllen. Der Sachverständige muss über eine besondere Sachkunde verfügen und unbescholten, sowie nicht vorbestraft sein. Er unterliegt der Pflicht zur ständigen Weiterbildung, um fachlich immer „auf dem neusten Stand" zu sein. Weitere wichtige Punkte sind die Forderung nach Unabhängigkeit, Unparteilichkeit, Objektivität und Integrität des Sachverständigen. Fast selbstverständlich lassen sich die weiteren Anforderungen hieraus ableiten: der Sachverständige unterliegt der Schweigepflicht und der Mitteilungspflicht bei Interessenkonflikten. Er sollte eine Haftpflichtversicherung haben und darf nur in seriöser und zurückhaltender Weise für seine Tätigkeit werben[29].

---

[29] Vgl. Floter, B. (2007). a.a.O. S. 8

3.4.2 Association Standards

Dies sind Standards für die Aufnahme von Sachverständigen. Um in einen nationalen Verband von EuroExpert aufgenommen zu werden, ist folgendes vom Bewerber beim Verband oder den dafür zuständigen Institutionen nachzuweisen:

- Ausreichende Grundqualifikation (Ausbildung), Erfahrung und Fortbildung für das beantragte Sachgebiet.
- Ausreichend praktische Erfahrung als Sachverständiger
- Die vorgenannten Anforderungen werden durch aussagekräftige Unterlagen z.B. Gutachten oder Referenzen nachgewiesen.
- Nachweis der besonderen Sachkunde durch Überprüfung vor einem Fachgremium.
- Der Verband oder die zuständige Organisation muss Verfahren verabschiedet haben, die die Vertraulichkeit aller relevanten persönlichen Daten sichert. Die Einhaltung von aktuellen Standards bei den Sachverständigen sicherstellt. (Fortbildung, Erfahrungsaustausch).
- die Bestellung, Befristung, Wiederbestellung und den Entzug des zuerkannten Status regelt[30].

3.4.3 Mediation Standards

- Für die Aufgaben außergerichtlicher Streitschlichtungen durch Sachverständige, konnte von der Organisation EuroExpert ein Standard für Meditationstraining geschaffen werden[31].

3.4.4 Report Standards

- Die Mitgliedstaten von EuroExpert haben sich verpflichtet, Standards für Gutachten einzuhalten und dies auch in einem Grundsatzpapier festgehalten. Die wesentlichen Merkmale für ein Gutachten sind hier festgelegt.
- Nennung des konkreten Gegenstands der Begutachtung anhand des Inhalts des Auftrages
  Nachvollziehbare Begründung der Ergebnisse, sowie deren Zustandekommen.
  Anforderungen an Inhalt und Aufbau eines Gutachtens

---

[30] Vgl. Bleutge, K. (2006). a.a.O. S. 60
[31] Vgl. Startseite, EuroExpert – The European Organisation for Expert Associations. Link:
http://cms.euroexpert.org/cms/front_content.php?idcat=37, 2.6.2010

Bei der Erstattung ihrer Sachverständigenleistung müssen Sachverständige zudem immer ihrer besonderen Rolle bewusst sein. Sie müssen ihre Leistungen unparteilich, mit besonderer Sorgfalt und Fachkunde erstellen und sich stets an den geltenden Regeln der Technik orientieren[32].

3.5 Ergebnis des Vergleichs

Das Sachverständigenwesen in Europa zeigt in vielen Bereichen Gemeinsamkeiten, hat aber auch einige unterschiedliche Regelungen. Insbesondere der Begriff des Sachverständigen wird in den Mitgliedsstaaten unterschiedlich verwendet, abhängig davon, ob es sich um eine Gutachtertätigkeit, Inspektions-, Prüf- oder Autorentätigkeit handelt. Bei Gericht allerdings, wird stets der Begriff des Sachverständigen gebraucht. Eines lässt sich wohl grenzüberschreitend feststellen: Sowohl bei Gericht, als auch zwischen Privaten, ist das Urteil eines Sachverständigen als fachlich fundiertes und qualitativ hochwertiges Beweismittel anerkannt und nachgefragt[33].

In den Mitgliedsländern von EuroExpert konnten die gemeinsamen Standards trotz der unterschiedlichen Rechtssysteme entwickelt werden. Dies verdeutlicht, dass die Gemeinsamkeiten bei den Anforderungen an Sachverständige und ihre Leistungen durchaus vergleichbar sind[34].

3.6 Zusammenfassung

Es kann nicht darum gehen, die unterschiedlichen Systeme zu diskutieren, auf Grund derer ein Sachverständiger in Europa an den Markt tritt. Unbedeutend ist die Bezeichnung in den nationalen Systemen. Ob die Sachverständigen über Gerichtslisten oder auf Grundlage gesetzlicher Regelungen definiert werden – wichtig ist allein die Güte der angebotenen Leistung[35].

3.6.1 Unterschiedliche Sachverständigenmodelle

Das deutsche Modell, mit der öffentlichen Bestellung und Vereidigung der Sachverständigen, konnte sich in der europäischen Union nicht durchsetzen[36].
Dieses Modell war und ist bei den europäischen Nachbarn eher unbekannt. Bei ihnen dominiert bereits seit Langem das Prinzip der Zertifizierung, das allerdings nichts anderes bedeutet, als „Anerkennung"[37].

---

[33] Vgl. Floter, B. (2007). a.a.O. S. 8.
[34] Vgl. Floter, B. (2007). ebd. S. 8.
[35] Vgl. Vogel, R. (2007). Wie weit ist es bis Europa. 34. Jg. S. 361 München Frankfurt a. M: C. H. Beck Verlag.
[36] Vgl. Cors, K.(2006). a.a.O. S. 80

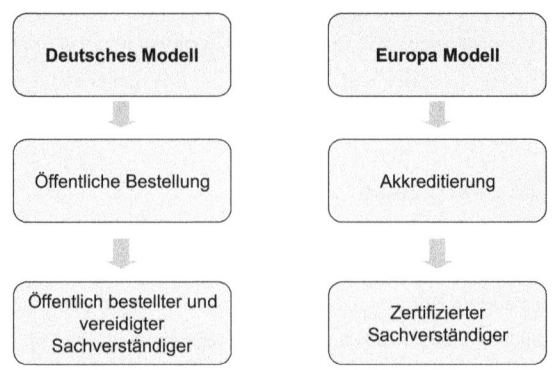

Abbildung 6: Unterschiedliche Sachverständigenmodelle.

3.6.2 Grenzüberschreitend ist festzustellen

Für Europa kann lediglich übereinstimmend gesagt werden, dass der Begriff des Sachverständigen weder definiert, noch grundsätzlich gesetzlich geschützt ist[38].

Sowohl bei Gericht als auch zwischen Privaten, ist das Urteil eines Sachverständigen als fachlich fundiertes und qualitativ hochwertiges Beweismittel anerkannt und nachgefragt

Fazit: In Europa gibt es viele wichtige Gemeinsamkeiten im Bereich des Sachverständigenwesens. Grundlegende Voraussetzungen an die persönliche und fachliche Kompetenz der Sachverständigen sind in allen europäischen Ländern vergleichbar[39].

Als Teilthese 1 lässt sich ausführen:

Die Anforderungen und Leistungen an die Sachverständigen sind in der europäischen Union (EU) vergleichbar.

---

[37] Vgl. Bayerlein, W. (2002) Praxishandbuch Sachverständigenrecht. 3. Aufl. München: C. H. Beck Verlag. S. 89
[38] Vgl. Bayerlein, W. (2002). ebd. S. 90
[39] Vgl. Floter, B. (2007). a.a.O. S. 8

4 Das Sachverständigenwesen in Deutschland

4.1 Deutschland in Europa

Deutschen Unternehmen bietet Europa einen großen einheitlichen Markt. Waren im Wert von 628 Milliarden Euro, exportierten deutsche Unternehmen im Jahr 2007 in die Europäische Union. Damit geht ein großer Anteil der deutschen Exporte in andere EU- Staaten. Der europäische Binnenmarkt sichert der deutschen Wirtschaft Absatzmärkte und Arbeitsplätze[40].

Als ein Land mit Ideen, lebt Deutschland vom Austausch mit anderen europäischen Staaten. Europa bietet die Möglichkeit, ohne große Beschränkungen im Ausland zu arbeiten, zu lernen, gemeinsam zu forschen und neue Ideen zu entwickeln.

4.1.1 Deutschland und seine Bundesländer

Abbildung 7: Deutschland und seine Bundesländer[41]

---

[40] REGIERUNGonline - Europa - 12 Vorteile für Deutschland. Link:http://www.bundesregierung. de/nn_87716/Content/DE/Archiv16/Artikel/2007/01/2007-01-04-zwoelf-vorteile-der-eu-fuer-deutschland.html, 7.7.2010

[41] Universität Freiburg. Link: http://www.germanistik.uni-freiburg. de/dafphil/internetprojekte/projekte5/deutschlandreise, /home.html, 7.7.2010

4.2 Auswirkungen der europäischen Gesetzgebung

Mittlerweile hat jedes zweite in Deutschland umgesetzte Gesetz, seine Ursprünge im europäischen Parlament, somit hat Europa hat einen entscheidenden Einfluss auf das deutsche Sachverständigenwesen. Zur Harmonisierung des europäischen Sachverständigenwesens wurde bereits die Organisation EuroExpert geschaffen[42].

4.2.1 Struktur des deutschen Sachverständigenwesens

In Deutschland gibt es im Gegensatz zu vielen anderen Berufen, keine klare Regelung und keine gesetzliche Verordnung, die die Ausbildung und die Arbeit von Sachverständigen regelt. Deshalb darf sich grundsätzlich jeder in Deutschland als **Sachverständiger** bezeichnen, der auf einem oder auch mehreren Sachgebieten über Kenntnisse und Erfahrungen verfügt, die über das normale Maß an Wissen hinausgehen. Ferner gilt als grundsätzliche Voraussetzung, dass ein Sachverständiger in wirtschaftlich geordneten Verhältnissen lebt und persönlich integer ist. Weiterhin muss ein Sachverständiger in der Lage sein, sein Gutachten in schriftlicher und mündlicher Form so abzufassen, dass es für jedermann mit durchschnittlichem Wissen möglich ist, den Inhalt und die Schlussfolgerung des Gutachtens nachvollziehen zu können[43].

4.2.2 Unterschiedliche Modelle

In Deutschland ist im Bereich des Sachverständigenwesens der öffentlich bestellte und vereidigte Sachverständige seit jeher das Modell, welches der Staat seinen Bürgern für Fragen sachverständiger Beurteilung anbietet. Dieses Modell ist allerdings bei den europäischen Nachbarn eher unbekannt, da dort bereits seit langem das Prinzip der Zertifizierung dominiert[44].

Der Entwicklungsprozess zur Europäischen Union (EU) hat dazu geführt, dass in Deutschland neben dem bisher öffentlich bestellten und vereidigten Sachverständigen, der zertifizierte Sachverständige an Bedeutung gewonnen hat und ihm gleichgestellt wurde. Das deutsche Modell, mit der öffentlichen Bestellung und Vereidigung der Sachverständigen, konnte sich in der Europäischen Union nicht durchsetzen[45].

---

[42] Vgl. Staud, M. (2007). Wie weit ist es bis Europa. In: Der Sachverständige, 34. Jg. S. 361 München. Frankfurt am Main: C. H. Beck Verlag.
[43] Vgl. Haas, R./Frost, A. (2009). a.a.O. S. 25
[44] Vgl. Bayerlein, W. (2002). a.a.O. S. 89
[45] Vgl. Cors, K. (2006). a.a.O. S. 80

4.3 Verschiedene Arten von Sachverständigen

Grundsätzlich sind vier Gruppen von Sachverständigen zu benennen, die sich aufgrund ihres Nachweises in der beruflichen und persönlichen Qualifikation unterscheiden:

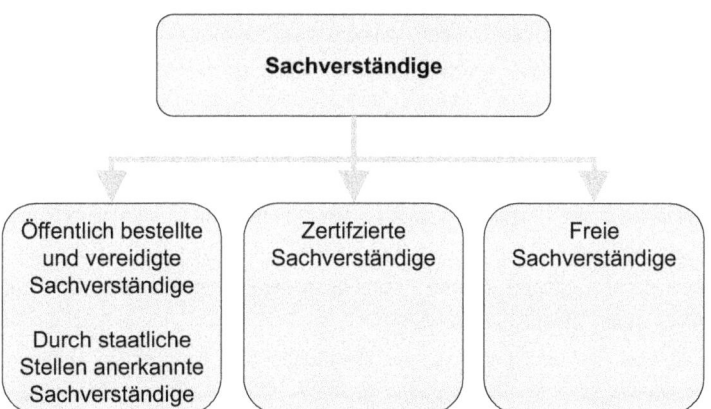

Abbildung 8: Sachverständigenvielfalt

4.3.1 Der öffentlich bestellte und vereidigte Sachverständige

Diese Sachverständigen werden aufgrund besonderer gesetzlicher Bestimmungen, vor ihrer öffentlichen Bestellung, u.a. auf ihre persönliche und besondere fachliche Eignung zur Gutachtererstattung überprüft.[...] Aufgrund der geprüften persönlichen und fachlichen Eignung, hat der Gesetzgeber den öffentlich bestellten und vereidigten Sachverständigen eine hervorgehobene Stellung eingeräumt. Nur sie können nach ihrer Bestellung auf ihrem Spezialgebiet, sowohl vor Gerichten, als auch im privaten Bereich mit der Bezeichnung "öffentlich bestellt" tätig werden[46].

Öffentlich bestellte und vereidigte Sachverständige:

- sind durch eine besondere Bestimmung gesetzlich geregelt (vgl. § 36 GewO, § 91 HwO). Sie sind für die Erstellung von Gutachten, sowie für die Beratung in ihren definierten Sachgebieten bestellt.

- müssen einen Eid dahingehend ablegen, dass sie ihre Gutachten und sonstigen Aufgaben unparteiisch, weisungsfrei, unabhängig, gewissenhaft und persönlich erstatten.

- werden nur dann öffentlich bestellt, wenn sie zuvor besondere Sachkunde nachweisen und keine Bedenken gegen ihre persönliche Integrität bestehen.

- sind in Gerichtsverfahren bevorzugt zur Gutachtenerstattung heranzuziehen; andere Sachverständige dürfen in Gerichtsverfahren nur dann mit der Erstattung eines Gutachtens beauftragt werden, wenn besondere Umstände dies erfordern (vgl. §§ 404 Abs. 2 ZPO, 73 Abs. 2 StPO).

- unterliegen während der Zeit ihrer öffentlichen Bestellung einem umfangreichen Pflichtenkatalog mit entsprechender Kontrolle durch eine Körperschaft des öffentlichen Rechts.

- verlieren ihre öffentliche Bestellung durch Widerruf, wenn sie gegen den Pflichtenkatalog verstoßen[47].

4.3.2 Bestimmung gesetzlich geregelt

Die öffentlich bestellten und vereidigten Sachverständigen unterliegen der Aufsicht durch die Bestellungskörperschaft. Die öffentliche Bestellung hat den Zweck, Gerichten, Behörden und der Öffentlichkeit, besonders sachkundige und geeignete Sachverständige zur Verfügung zu stellen[48].

4.3.3 Unparteiliche Einrichtung

Öffentlich bestellte und vereidigte Sachverständige werden von den Gerichten bei der Erstellung von Gutachten im Rahmen von Rechtstreitigkeiten herangezogen. Ihre Bestellung soll garantieren, dass eine dritte und unparteiliche Einrichtung wie die der Kammern, den Wissenstand des Sachverständigen und seine persönliche Integrität, sowie seine wirtschaftliche Unabhängigkeit geprüft hat. Der Sachverständige unterliegt dabei einer dauernden Kontrolle

---

[47] Vgl. Keldungs, K. H./Arbeiter, N. (2007). Leitfaden für Bausachverständige-Rechtsgrundlagen-Gutachten-Haftung 2. Aufl. Wiesbaden: GWV Fachverlag GmbH. S. 1

[48] Link: Landgericht Osnabrück (Hrsg.) Link: 2004http://www.landgericht-osnabrueck.niedersachsen de/master/C5846343_N5834597_L20_D0_I4798959.html 22.4.2010

durch die Kammern und muss jeweils durch Belege seine Fortbildungen nachweisen. Grundsätzlich gilt heute, dass die Sachverständigen üblicherweise für 5 Jahre befristet bestellt werden.

4.3.4 Nachweis der besonderen Sachkunde

Die öffentliche Bestellung und Vereidigung eines Sachverständigen erfolgt aufgrund eines schriftlichen Antrages. Dabei hat der Antragsteller Nachweis darüber zu führen, dass er über die überdurchschnittliche Fachkenntnis verfügt, dass er wirtschaftlich unabhängig und integer ist und auch spezielle Kenntnisse besitzt, um Gutachten erstellen zu können. Üblicherweise erfolgt nach Prüfung der Antragsunterlagen eine Überprüfung des Antragstellers im Rahmen einer schriftlichen und mündlichen Prüfung. Werden die Kriterien erfüllt und die Prüfung positiv abgelegt, kann er von der entsprechenden Kammer als Sachverständiger öffentlich bestellt und vereidigt werden. Damit verbunden ist die Führung des Titels, wie zum Beispiel „von der Handwerkskammer Reutlingen öffentlich bestellter und vereidigter Sachverständiger für das Tischlerhandwerk" und die Führung eines Siegels in Form eines „Rundstempels", indem die entsprechenden Sachgebiete benannt sind[49].

Der Rundstempel als Siegel

Abbildung 9: Der Rundstempel als Siegel.

---

[49] Vgl. Haas, R./Frost, A. (2009). a.a.O. S. 56

4.3.5 Pflichten eines Sachverständigen

Der öffentlich bestellte und vereidigte Sachverständige unterliegt damit dem Pflichtenkatalog, der so genannten "Sachverständigenordnung", die von den einzelnen Kammern für die Tätigkeit von öffentlich bestellten und vereidigten Sachverständigen erlassen wurde.

Bei Verstößen gegen den Pflichtenkatalog verlieren die öffentlich bestellten und vereidigten Sachverständigen ihre Bestellung durch Widerruf[50].

4.3.6 Wer bestellt die öffentlich bestellten und vereidigten Sachverständigen?

Durch Gesetz (§ 36 Gewerbeordnung, § 91 Handwerksordnung, sowie weitere Fachgesetze für einzelne Berufsgruppen) sind die Industrie- und Handelskammern, Handwerkskammern und Berufskammern, wie zum Beispiel Architekten– und Ingenieurkammern ermächtigt, Sachverständige öffentlich zu bestellen und zu vereidigen. Dem Grunde nach sind die Bestellungs-institutionen privatrechtliche Einrichtungen, die der Gesetzgeber, das heißt der Staat, mit dieser hoheitlichen Aufgabe betraut hat.

4.4 Ausländische Sachverständige und öffentliche Bestellung in Deutschland

Der am 28. Dezember 2009 in Kraft getretene und neu eingeführte § 36 a der Gewerbeordnung regelt die öffentliche Bestellung von Sachverständigen, mit Qualifikation aus einem anderen Mitgliedsland der europäischen Union oder einem anderen Vertragsstaat des Abkommens im europäischen Wirtschaftsraum[51].

4.4.1 Nachweisen der besonderen Sachkunde für Ausländer

Die besondere Fachkunde können die Bewerber durch Ausbildungs- und Befähigungsnach-weise, die in einem anderen Mitgliedstaat der Europäischen Union oder einem anderen Ver-tragsstaat des Abkommens im europäischen Wirtschaftsraum ausgestellt wurden, nachge-wiesen werden.

Auch kann dieser Fachkundenachweis durch die Ausübung einer Sachverständigentätigkeit in Vollzeit, in zwei der letzten zehn Jahre, erfolgen. Aus den Nachweisen über diese Tätigkeit

---

[50] Vgl. Keldungs, K. H./Arbeiter, N. (2007). a.a.O. S. 2

[51] Vgl. Bleutge, K. (2009). Bundestag beschließt Änderungen des § 36 GewO und einen neuen § 36 a GewO. In: IfS, Informationen 4/2009 31. Jg. S. 2

muss sich aber ergeben, dass der Bewerber über die besondere Fachkunde verfügt. Wenn diese besondere Fachkunde vorhanden ist, ist dies als ausreichend anzuerkennen.

4.4.2 Eignungsprüfung und Anpassungslehrgang für Ausländer

Wenn sich allerdings die Inhalte der bisherigen Ausbildung oder Tätigkeit des Antragstellers auf dem Sachgebiet für das die öffentliche Bestellung beantragt wird, wesentlich von den Inhalten unterscheiden, die nach § 36 Voraussetzung für die öffentliche Bestellung als Sachverständiger für das betreffende Sachgebiet sind, kann dem Antragsteller nach Wahl eine Eignungsprüfung oder ein Anpassungslehrgang auferlegt werden. Diese Maßnahme kann insbesondere auch die Kenntnis des deutschen Rechts und die Fähigkeit zur verständlichen Erläuterung fachlicher Fragestellungen betreffen[52].

4.4.3 Dauer des Verfahrens

Das Verfahren muss in der Regel nach Einreichen der vollständigen Unterlagen, innerhalb von drei Monaten abgeschlossen sein. Diese Frist kann in begründeten Fällen um einen Monat verlängert werden.

4.4.4 Wie findet man die öffentlich bestellten und vereidigten Sachverständigen

Eine Liste der öffentlich bestellten Sachverständigen erhält man bei der jeweiligen örtlichen Bestellungskörperschaft, also vor allem bei den Kammern. Einige Gesamtverzeichnisse, z.B. das der Industrie- und Handelskammern und Handwerkskammern findet man im Internet.

4.5 Zertifizierte Sachverständige

Diese zertifizierten Sachverständigen sind durch private Institutionen (Zertifizierungsstellen) auf das Vorhandensein der besonderen Sachkunde überprüft. Erfüllen sie die, von diesen Zertifizierungsstellen vorgegebenen Anforderungsprofilen hinsichtlich der fachlichen und persönlichen Qualifikationen, so werden sie zertifiziert.

Die Zertifizierungsstellen sollten nach der Europanorm EN 45013 und von der weltweit anerkannten Norm EN ISO/IEC 17024[53] akkreditiert sein. Das heißt, eine übergeordnete private

---

[52] Vgl. Bleutge, K. (2009). ebd. S. 2
[53] Vgl. (2009) Mitteilung der Kommission im Rahmen der Durchführung der Verordnung (EG) Nr. 765/2008 des Europäischen Parlaments und des Rates, Beschluss Nr. 768/2008/EG des Europäischen Parlaments und des Rates, Verordnung (EG) Nr. 761/2001 des Europäischen Parlaments und des Rates DE Amtsblatt der Europäischen Union C 136/29

Stelle bestätigt diesen Zertifizierungsstellen, dass sie ein angemessenes Qualitätssicherungssystem beinhalten. Darin müssen die Anforderungsprofile der einzelnen Fachgebiete des Sachverständigenwesens, sowie die Prüfungsmodalitäten für die Sachverständigen, beschrieben sein.

Eine der bekanntesten Zertifizierungsstelle, ist die Zertifizierungsstelle des Institutes für Sachverständigenwesen. Die Zertifizierungsstelle des IfS richtet sich hinsichtlich der persönlichen und fachlichen Qualifikation, nach den Vorgaben für öffentlich bestellte und vereidigte Sachverständigen.

Zertifizierte Sachverständige:

- werden zertifiziert, wenn sie zuvor die persönlichen und fachlichen Voraussetzungen erfüllen und keine Bedenken gegen ihre persönliche Eignung bestehen.

- unterliegen während der Zeit ihrer Zertifizierung einem umfangreichen Pflichtenkatalog mit entsprechender Überwachung durch die Zertifizierungsstelle.

- verlieren ihre Zertifizierung durch Widerruf, wenn sie gegen den Pflichtenkatalog und Zertifizierungsbedingungen verstoßen, oder die erforderlichen aktuellen Kenntnisse nicht kontinuierlich nachweisen.

Ihre Zertifizierung ist auf einen bestimmten Zeitraum befristet, allerdings sind unter bestimmten Voraussetzungen Verlängerungen möglich, wie z.B. durch Nachweise von Fortbildungen.

4.5.1 Vorgegebene Standards

Die Akkreditierung der Zertifizierungsstelle wird durch eine unabhängige Drittstelle (Deutscher Akkreditierungsrat) kontinuierlich überwacht. Damit ist sichergestellt, dass auch die Zertifizierung den vorgegebenen Standards entspricht. Entsprechend der Norm EN 45013 haben die Zertifizierungsstellen ein aktuelles Verzeichnis der zertifizierten Sachverständigen vorzuhalten, wie z.B. die Liste der zertifizierten Sachverständigen beim Institut für Sachverständigenwesen[54].

---

[54] Vgl. IfS (Hrsg.). (2010) Publikationen - IfS aktuell – Bestellungsvoraussetzungen. Link: http://www.ifsforum.de/cms/impressum.php, 10.7.2010

4.6 Durch staatliche Stellen anerkannte Sachverständige

In vergleichbarer Weise, wie bei den öffentlich bestellten und vereidigten Sachverständigen, gibt es aufgrund gesetzlicher Bestimmungen der Bundesrepublik Deutschland oder der einzelnen Bundesländer, sogenannte „anerkannte Sachverständige", die auf bestimmten Gebieten beruflich tätig werden und dabei hoheitliche Aufgaben einzelner Sachgebiete wahrnehmen.

Diese anerkannten Sachverständigen sind zum Beispiel durch Gesetz für wiederkehrende Überprüfungen eingesetzt. Beispiele dafür sind die Überprüfung von Kraftfahrzeugen auf ihre Verkehrssicherheit, die Überprüfung von technischen Anlagen, wie Aufzügen, oder die Überprüfung von Lebensmitteln[55].

Auch im Rahmen der Baugesetze der einzelnen Bundesländer sind die anerkannten Sachverständigen tätig. Hier im Besonderen, bei der Überprüfung und Überwachung von Leistungen, wie beispielsweise im Brandschutz oder in der Standsicherung (Statiker) von Bauwerken. Weitere Aufgaben finden sich im Wärme- und Schallschutzbereich, sowie im Erd- und Grundbau.

Amtlich anerkannte Sachverständige

- werden aufgrund besonderer gesetzlicher Bestimmungen in bestimmten Bereichen hoheitlich tätig, indem sie Sicherheitsprüfungen durchführen.
- werden zur Überprüfung von Kraftfahrzeugen, Aufzügen, Druckbehältern, medizinisch-technischen Geräten u.a. bestellt.
- sind Angestellte oder Vertragspartner von staatlich beliehenen Organisationen (z.B. DEKRA, GTÜ, TÜV)
- verlieren ihre amtliche Anerkennung durch Widerruf, wenn sie gegen vorliegende Pflichtenkataloge verstoßen

Die Organisationen, sowie deren Sachverständige, werden von den zuständigen Landesbehörden entsprechend eines gesetzlich festgelegten Pflichtenkataloges bei ihrer Tätigkeit überwacht[56].

---

[55] Vgl. Haas, R./Frost, A. (2009). a.a.O. S. 28
[56] Vgl. Keldungs, K. H./Arbeiter, N. (2007). a.a.O. S. 3

4.7 Personen, die sich selbst als Sachverständige bezeichnen oder von Verbänden als Sachverständige anerkannt worden sind

Diese Sachverständigen sind nicht in die anderen Gruppen einzuordnen und benötigen für ihre Tätigkeit keine staatliche Bestellung oder behördliche Zulassung. Diese Gruppe der Sachverständigen unterliegt auch keiner gesetzlichen Kontrolle und keinem geregelten Pflichtenkatalog. Sie unterliegen, wie jeder Gewerbetreibende und freiberuflich Tätige, den einschlägigen gesetzlichen Vorschriften. Diese Sachverständigen unterliegen jedoch keiner Kontrolle, wie z.b. durch die Handwerkskammern oder durch Behörden.

Teilweise schließen sich diese Sachverständigen als sogenannte freie Sachverständige zusammen. Dabei ist allerdings nicht sichergestellt, dass eine Qualifikation des jeweiligen Mitglieds ausreichend nachgewiesen wurde. Oft reicht nur der Nachweis der Mitgliedschaft, um sich als Sachverständiger auf dem Markt der Bundesrepublik Deutschland anbieten zu können.

Es gibt allerdings auch Verbände, die eigene Prüfkriterien als Voraussetzung für eine Mitgliedschaft haben. Sie hat jedoch nicht die gleiche Güte und Aussagekraft, wie dies bei den öffentlich bestellten und vereidigten Sachverständigen der Fall ist[57].

---

[57] Vgl. Staud, M. (2004). Die Vergütung von Sachverständigen im europäischen Vergleich. In: Mitgliederversammlung des IfS in Leipzig S. 17

4.8 Vergleich zwischen öffentlicher Bestellung und Zertifizierung

Die Unterschiede und Gemeinsamkeiten zwischen den öffentlich bestellten und vereidigten Sachverständigen und den zertifizierten Sachverständigen, soll nachfolgend verdeutlicht werden.

4.8.1 Die Unterschiede zwischen der öffentlichen Bestellung und Zertifizierung

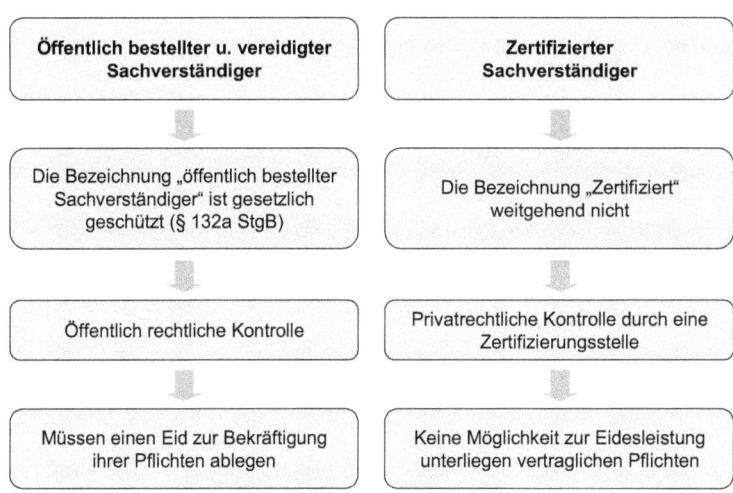

Abbildung 10: Die Unterschiede zwischen der öffentlichen Bestellung und Zertifizierung

4.8.2 Gemeinsamkeiten

Beide Sachverständigensysteme sind darauf ausgerichtet, der Öffentlichkeit fachlich und persönlich qualifizierte Sachverständige zur Verfügung zu stellen.

4.8.3 Anerkennungen von Qualifikationen

Um die Zertifizierung von Sachverständigen auf dem Niveau der öffentlichen Bestellung zu halten, mussten beide Systeme, soweit es ging, kompatibel gemacht werden. So beschloss z.B. der Hauptausschuss der TGA bereits 1998, dass bei der Zertifizierung von öffentlich bestellten und vereidigten Sachverständigen auf eine erneute Sachkundeprüfung im Zertifizierungsverfahren verzichtet wird, wenn Sachgebiete, Anforderungsprofile und vorausgesetzte Fachkenntnisse inhaltlich identisch sind. Allerdings muss sich die Bestellungskörperschaft vorbehalten, die sonstigen Bestellungsvoraussetzungen auch dann zu prüfen, wenn sich ein bereits zertifizierter Sachverständiger im gleichen Sachgebiet um eine öffentliche Bestellung und Vereidigung bewirbt[58].

4.8.4 Zusammenführen von öffentlicher Bestellung und Zertifizierung

Die von der EU beschlossenen Richtlinien sind jedoch für sämtliche Mitgliedstaaten verbindlich und müssen in nationales Recht umgesetzt werden. Die öffentlichen Stellen sind dadurch zur Anwendung verpflichtet.

Um hier eine, für alle Beteiligten befriedigende Lösung zu finden, ist die Aufgabe der Zertifizierung von Sachverständigen in Deutschland unter anderem beim deutschen Institut für Sachverständigenwesen (IfS) angesiedelt.

---

[58] Vgl. Bayerlein, W. (2002). a.a.O. S. 94

4.9 Zertifizierungsaktivitäten des Instituts für Sachverständigen-wesen - IfS Zert

Eine unabhängige wissenschaftliche Einrichtung ist das Institut für Sachverständigenwesen (IfS) in Köln. Getragen wird das IfS von etwa 180 Organisationen der Wirtschaft, wie zum Beispiel vom Deutschen Industrie- und Handelskammertag und dem Zentralverband des deutschen Handwerks. Die Bestellungskörperschaften – also Architektenkammern, Handwerkskammern, Industrie- und Handelskammern, Ingenieurkammern und Landwirtschaftskammern, sind Mitglieder im IfS. Unterstützt wird das IfS zusätzlich durch die maßgeblichen Sachverständigenverbände, die Versicherungswirtschaft und die Sachverständigenorganisationen wie DEKRA, GTÜ und TÜV[59].

4.9.1 Aufgaben und Ziele der IfS-Zertifizierungsgesellschaft

Der Zertifizierungsservice (IfS Zert) der IfS GmbH für Sachverständige hat sich zum Ziel gesetzt, das Sachverständigenwesen im Bereich der Qualitätssicherung sach- und fachkundig zu unterstützen. Dies geschieht durch einheitliche Prüfung von Sachverständigen für den gesamten Wirtschaftsraum der Europäischen Union[60].

Die Zertifizierung und Überwachung von Sachverständigen erfolgt nach einheitlichen Kriterien, entsprechend der internationalen Norm DIN EN ISO/IEC 17024. Ausdruck eines positiv verlaufenen Zertifizierungsverfahrens ist ein, für die jeweilige Person ausgestelltes Zertifikat, für dessen breite Anerkennung sich die Zertifizierungsstelle einsetzt.
Zur Erreichung der Ziele des gemeinsamen europäischen Markts, fördert die Zertifizierungsstelle (auch im europäischen Ausland) die gegenseitige Anerkennung von Zertifikaten. Dies basiert auf der Erstellung gleichwertiger Kriterien für die Erteilung der Zertifikate. Dabei wird ebenfalls die Kompatibilität der Sachkundenachweise nationaler Anerkennungssysteme, als Basis für ein europäisches Sachverständigenwesen, gefördert. Dies gilt vor allem für die öffentliche Bestellung und Vereidigung[61].

Unter den Sachverständigen fördert das Institut den Meinungsaustausch zwischen den Sachverständigen und ihren Auftraggebern, den verschiedenen Bestellungsbehörden, Sachverständigenorganisationen und -verbänden. Das Institut agiert dadurch schon heute im europäischen

---

[59] Vgl. Bayerlein, W. (2002). ebd. S. 95
[60] IfS (Hrsg.) Aufgaben und Ziele der IfS-Zertifizierungsgesellschaft. Link: http://www.ifsforum.de/ifsforum/ifs-zert/index.html, 12.7.2010
[61] Vgl. Floter, B. (2007). a.a.O. S. 9

Umfeld und eröffnet europäische Perspektiven für das deutsche Sachverständigenwesen. Bei der derzeitigen Wettbewerbsentwicklung wird zunehmend eine Bestätigung der persönlichen und fachlichen Qualität des Sachverständigen durch unabhängige Dritte (Zertifizierungsstellen) verlangt, um Vertrauen bei den Auftraggebern auf internationaler Ebene zu schaffen.

4.9.2 Aufgaben des Instituts für Sachverständigenwesen (IfS)

Die Themen im Bereich des Sachverständigenwesens, die von allgemeiner oder grundsätzlicher Bedeutung sind, werden vom IfS wissenschaftlich untersucht und die Forschungsergebnisse werden für die Praxis ausgewertet. Zu den Aufgaben gehören insbesondere auch die Planung und Durchführung von Aus- und Fortbildungsmaßnahmen für Sachverständige[62].

4.9.3 Verbindung zu Europa im Sachverständigenwesen

Das Institut für Sachverständigenwesen (IfS) nimmt an der internationalen Entwicklung des Sachverständigenwesens in Europa aktiv teil. Wichtig dabei ist, die Unterschiede und Gemeinsamkeiten zu erkennen und einheitliche Standards zu bilden, in denen sich die Interessen der Beteiligten wieder finden.

Diese Grundsätze gelten selbstverständlich auch für das Sachverständigenwesen in Europa. Der Bundesverband öffentlich bestellter und vereidigter, sowie qualifizierter Sachverständiger e.V. (BVS) und das Institut für Sachverständigenwesen e.V. (IfS), haben Anfang der 90er Jahre die Initiative ergriffen und sich frühzeitig bei der Gestaltung des Sachverständigenwesens auf europäischer Ebene, durch den Zusammenschluss bei EuroExpert engagiert[63].

---

[62] Vgl. Bayerlein, W. (2002). a.a.O. S. 95
[63] Vgl. Floter, B. (2007). a.a.O. S. 8

4.10 Zusammenfassend ist im deutschen Sachverständigenwesen festzustellen

Es zeichnet sich ab, dass nationale und europäische Anerkennungsformen kompatibel gestaltet werden müssen, was insbesondere für den öffentlich bestellten Sachverständigen von Bedeutung ist, weil er sich auf Dauer dieser neuen Anerkennungsform nicht entziehen kann[64].

Öffentlich bestellte und vereidigte Sachverständige und die zertifizierten Sachverständigen sind nach der Einführung der Dienstleistungsrichtlinie § 36 der GewO gleichgestellt.

Beide Sachverständigen haben durch Prüfungen ihre besondere Sachkunde nachgewiesen und bieten dem Verbraucher eine zuverlässige Sachverständigenarbeit.

Als Teilthese 2 lässt sich ausführen:

Der öffentlich bestellte und vereidigte Sachverständige erfüllt die Anforderungen der Personenzertifizierung nach EN ISO/IEC 17024 und kann sich somit zertifizieren lassen.

---

[64] Vgl. Bayerlein, W. (2002). a.a.O. S. 91

5 Der Sachverständige im deutschen Handwerk

Auch für das Handwerk ist es wichtig, qualifizierte und gut ausgebildete Sachverständige zu haben. Auf dem vielfältigen Markt des Handwerks werden diese Sachverständigen für Entscheidungsprozesse und bei der Lösung von Rechtstreitigkeiten eingesetzt. Sachverständige des Handwerks werden in der Regel für Fachfragen aus dem handwerklichen, technischen und wirtschaftlichen Bereich, die auch in das Sachgebiet des Sachverständigen gehören, tätig.

Ohne handwerkliche Sachverständige würden viele Rechtstreitigkeiten nicht geklärt oder könnten erst gar nicht gelöst werden. Deshalb ist es für den Rechtsfrieden wichtig, auch für die handwerklichen Disziplinen, Experten zur Lösung von Fachproblemen bereitzustellen[65]. Diese Aufgabe übernehmen die öffentlich bestellten und vereidigten Sachverständigen des Handwerks.

5.1 Das Handwerk

Das Handwerk ist einer der vielseitigsten Wirtschaftsbereiche Deutschlands und bildet mit seinen kleinen und mittleren Betrieben einen wichtigen Teil der deutschen Wirtschaft.

In den rund 975.000 Betrieben arbeiten ca. 4,75 Millionen Menschen und fast 462 000 Lehrlinge erhalten dort eine qualifizierte Ausbildung. Damit sind 11,8 % aller Erwerbstätigen und 29,3 % aller Auszubildenden in Deutschland im Handwerk tätig. Im Jahr 2009 erreichte der Umsatz im Handwerk rund 488 Milliarden Euro (inkl. MwSt.)[66].

Für Privatverbraucher, Industrie, Handel oder die öffentliche Hand, bietet das deutsche Handwerk ein breites, differenziertes und qualitativ hochwertiges Angebot an Waren und Dienstleistungen an. Das Handwerk hat eine Vielzahl von verschieden Handwerksgruppen, die mit Flexibilität und Kreativität die individuellen Kundenwünsche erfüllen.

Es gibt heute kaum einen Lebensbereich, in dem wir auf die Fertigkeiten von Handwerkerinnen und Handwerkern verzichten können. Ohne das Handwerk würde sich die Welt schlagartig verändern[67].

---

[65] Vgl. Haas, R./Frost, A. (2009). Der Sachverständige des Handwerks Grundlagen. Checklisten. Praxisbeispiele. 6. Aufl. Stuttgart: Alfons W. Genter Verlag GmbH & Co. KG. S. 19
[66] Vgl. ZDH, Wirtschaftlicher Stellenwert des Handwerks. Link: http://www.zdh.de/daten-und-fakten/das-handwerk/wirtschaftlicher-stellenwert-des-handwerks.html, 28.6.2010
[67] Vgl. Das Handwerk, Die Wirtschaftsmacht von Nebenan. Link: http://www.handwerk.de/die-wirtschaftsmacht/kampagne.html, 24.6.2010

5.1.1 Vielfalt im Handwerk

Prozentuale Verteilung der Betriebe auf die Handwerksgruppen 2008

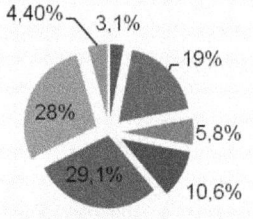

- ■ Glas-, Papier-,keramische und sonstige Gewerbe
- ■ Gesundheits-, Körperpflege, chemische und Reinigungsgewerbe
- ■ Bekleidungs-,Textil- und Ledergewerbe
- ■ Holzgewerbe
- ■ Elektro und Metallgewerbe
- ▒ Bau- und Ausbaugewerbe
- ▒ Nahrungsmittelgewerbe

Abbildung 11:Daten und Fakten 2009. (Quelle ZDH)

5.1.2 Handwerksbetriebe auf dem europäischen Markt

Die Ausrichtung deutscher Handwerksbetriebe auf die ausländischen Märkte hat spürbar zugenommen. Besonders die Nachbarstaaten spielen dabei eine Rolle.

Nach den Schätzungen des Zentralverbands des Deutschen Handwerks (ZDH) verkaufen derzeit rund 50.000 Handwerksbetriebe Waren und Dienstleistungen ins Ausland. Bei der Handwerkszählung 1994 waren es lediglich 17.600 gewesen. Dies bedeutet eine Verdreifachung der Aktivität innerhalb von 15 Jahren. Trotz dieser Dynamik ist der Anteil der Betriebe, die sich eher in vertrauten Gefilden tummeln, nach wie vor sehr hoch. Potential ist allerdings vorhanden. Gemäß einer Umfrage des ZDH planen knapp 3 % der Handwerksbetriebe konkrete grenzüberschreitende Aktivitäten. Weitere 8,5 % können sich einen Auslandsabsatz ihrer Produkte und Dienstleistungen in der Zukunft vorstellen[68].

---

[68] ZDH Ergebnisse der ZDH-Umfrage bei Handwerksbetrieben im 3. Quartal 2007. Link: http://www.gtai.de/nn_164192/DE/Content/Meldung/MarketsOnline/2010/201001-Deutsche_20Handwerker_20in_20Europa_20 unterwegs.html, 28.6.2010

5.1.3 Auslandsaktivitäten der Handwerksbetriebe

Aktuell sind rund 50.000 deutsche Handwerksbetriebe im Ausland tätig, weitere 70.000 haben nach Einschätzung des Zentralverbandes des Deutschen Handwerks (ZDH) das Potential, grenzüberschreitend tätig zu werden. Handwerksunternehmen zieht es immer mehr ins Ausland[69].

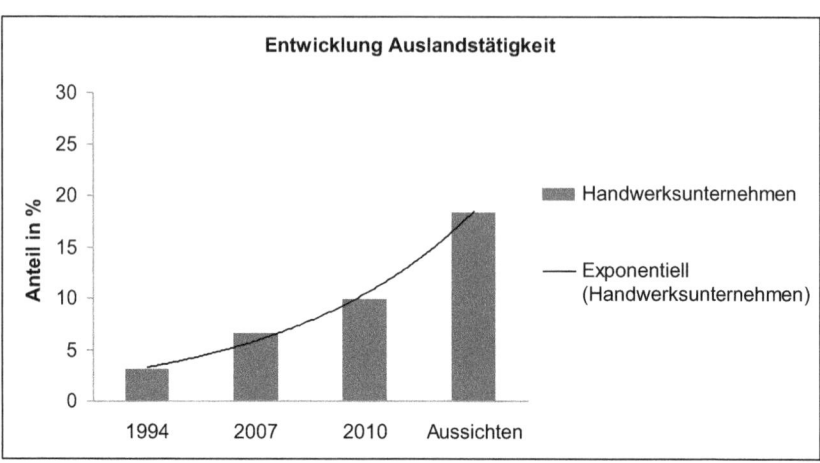

Abbildung 12:Entwicklung der Auslandsaktivitäten von Handwerksunternehmen

5.2 Handwerkskammern und Sachverständige

Der Gesetzgeber hat die Zuständigkeit für die öffentliche Bestellung und Vereidigung von Sachverständigen überwiegend in die Hand der Selbstverwaltungsorgane der Wirtschaft gelegt. Deshalb werden die Sachverständigen des Handwerks durch eine der Handwerkskammern bestellt. Die öffentliche Bestellung erfolgt durch einen Verwaltungsakt. Dieser ist in der Regel mit Auflagen verbunden und zeitlich befristet. Typische Auflagen sind zum Beispiel der Besuch von Seminaren oder Fortbildungsmaßnahmen. Nach Ablauf der Bestellungsfrist endet diese automatisch. Der Sachverständige muss dann wieder neu bestellt werden[70].

---

[69] Im Ausland neue Märkte erschließen. Link: http://www.handwerksblatt.de/Handwerk/Mittelstand/Betrieb/10732.html, 8.7.2010
[70] Vgl. Haas, R./Frost, A. (2009). a.a.O. S. 20

5.2.1 Für die Sachverständigen sind die Handwerkskammern zuständig.

Als Körperschaften des öffentlichen Rechts erfüllen Handwerkskammern hoheitliche Aufgaben. Zu Ihren Aufgaben gehört z.B. die Führung der Handwerksrolle, in der sämtliche Mitgliedsbetriebe erfasst werden; sie regeln die Berufsausbildung und sind in ihrem Kammerbezirk für das fachliche Prüfungswesen verantwortlich. Die öffentlich bestellten und vereidigten Sachverständigen des Handwerks werden durch die Handwerkskammern bestellt. Als Selbstverwaltungseinrichtungen der Wirtschaft fördern sie die Betriebe und repräsentieren die Interessen des Handwerks gegenüber Politik und Verwaltung. In den 16 Bundesländern Deutschlands sind die 55 Handwerkskammern flächendeckend verteilt. Die Handwerkskammern halten eine Sachverständigendatenbank bereit, mit deren Hilfe zum Beispiel unter dem Link http://www.handwerk-nrw.de/sachverstand/hwk-reutlingen/start.htm die Experten aus dem Handwerk in Erfahrung gebracht werden können[71].

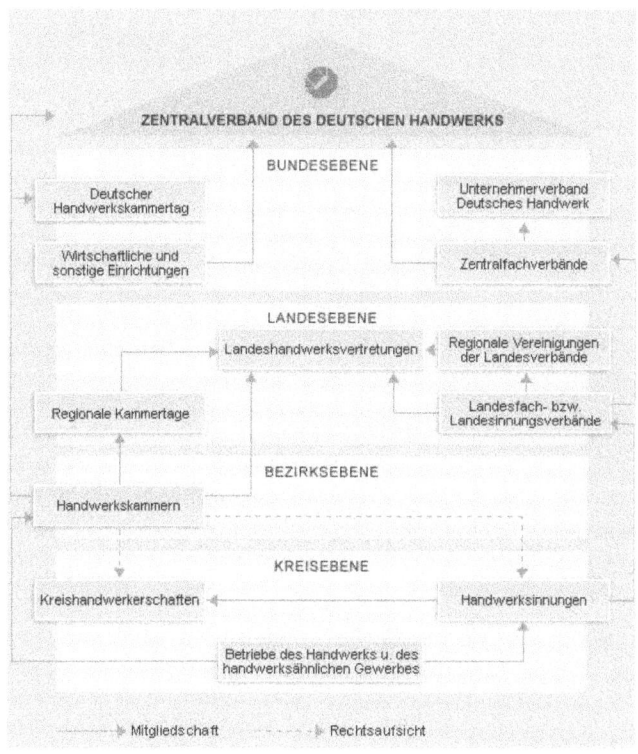

Abbildung 13: Aufbau des Handwerks. (Quelle ZDH)

---

[71] ZDH Handwerkskammern. Link: http://www.zdh.de/handwerksorganisationen/handwerkskammern. html, 28.6.2010

5.2.2 Berufszulassungssystem und Sachverständigentätigkeit

Das Handwerk verfügt bereits mit der Handwerksordnung über ein bewährtes Berufszulassungssystem. Ein Handwerksmeister ist durch seine berufliche Ausbildung und dem daraus resultierenden Berufsabschlusses ein Könner seines Fachs. Die Eintragung in die Handwerksrolle, deren Voraussetzung in der Regel die Meisterprüfung ist, ist bei den zulassungspflichtigen Handwerkern (vgl. Anlage A zur HwO) eine zentrale Voraussetzung für die öffentliche Bestellung zum Sachverständigen des Handwerks[72].

5.3 Berufszulassungssystem und der Weg zum Sachverständigen

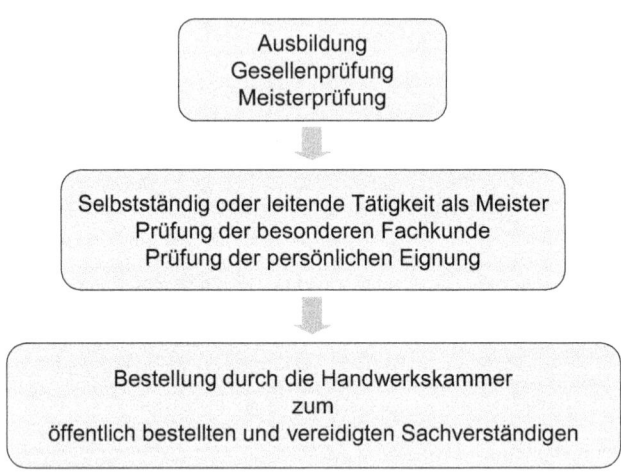

Abbildung 14: Der Weg zum ö. b. u. v. Sachverständigen des Handwerks

Ein öffentlich bestellter und vereidigter Sachverständiger im Handwerk kann seine Bestellung nur über seine fundierten Fachkenntnisse und über den Nachweis der besonderen Sachkunde erlangen. Die Meisterprüfung ist hier in der Regel eine Mindestanforderung. Von einem öffentlich bestellten und vereidigten Sachverständigen wird aber ein Kenntnisstand, der das Meisterwissen deutlich übersteigt, erwartet[73].

---

[72] Vgl. Haas, R./Frost, A. (2009). a.a.O. S. 25
[73] Vgl. Die Vollversammlung der Handwerkskammer Karlsruhe hat am 15.11.2005 gemäß § 106 Abs. 1 Nr. 12 der Handwerksordnung in der Bekanntmachung vom 24.9.1998 (BGBl. I S. 3074), zuletzt geändert durch Art. 3 b des Gesetzes vom 6.9.2005 (BGBl. I S. 2725), die nachstehende Neufassung beschlossen: Sachverständigenordnung der Handwerkskammer Karlsruhe 15.11.2005

5.3.1 Hohe Akzeptanz

Die öffentlich bestellten und vereidigten Sachverständigen im Handwerk sind aktiv als Geschäftsführer oder selbstständiger Handwerksmeister in ihrem Fachgebiet tätig. Durch die Praxiserfahrung und das Fachwissen erfahren sie eine hohe Akzeptanz bei Kunden, Kollegen, sowie und auch bei Gerichten und Behörden.

5.3.2 Sachverständiger des Handwerks und Rechtsfragen

Der Sachverständige des Handwerks bearbeitet keine Rechtsfragen. Bei Rechtsfragen wird der Sachverständige immer auf den Rechtsfachmann verweisen[74].

5.4 Generalisierende Betrachtungsweise

Es gibt Sachverständige, die berufsübergreifend tätig sind. Dies findet man z.B. bei den Bausachverständigen. Die Vielfalt der Technik und die hohe Zahl an Fachregeln sind im Handwerk in sich sehr komplex und erfordern eine hohe Fachkenntnis. Deshalb werden auch Spezialisten aus den handwerklichen Berufen für die Sachverständigenarbeit gebraucht. Dies wird alleine durch die 15 verschiedenen Bau- und Ausbaugewerke im Handwerk deutlich.

5.4.1 Experte in seinem Bestellungsgebiet

Der öffentlich bestellte und vereidigte Sachverständige ist auf Grund seiner Ausbildung und den persönlichen Voraussetzungen in der Lage, ein fachlich fundiertes Urteil, das von allen Beteiligten anerkannt werden kann, nachvollziehbar herzuleiten und zu treffen. Diese Sachverständigen kennen die Vielfalt der Techniken und die beruflichen Fachregeln in ihrem Bestellungsgebiet und sind daher Experten auf ihrem Fachgebiet.

Als Teilthese 3 lässt sich ausführen:

Durch die besonderen Sachkenntnisse auf seinem Bestellungsgebiet ist der öffentlich bestellte und vereidigte Sachverständige fachlich für den europäischen Markt geeignet.

---

[74] Vgl. Haas, R./Frost, A. (2009). a.a.O. S. 25

6 Empirische Untersuchung bei den ö. b. u. v. Sachverständigen im Handwerk

6.1 Forschungsziel (research objectives)

Das Ziel der empirischen Untersuchung ist es, das genutzte Marktpotential der öffentlich bestellten und vereidigten Sachverständigen des Handwerks in Europa nachzuweisen, um daraus die Erkenntnis zu gewinnen, ob die Sachverständigen des Handwerks beabsichtigen, dieses zusätzliche Potential in der Zukunft zu nutzen.

Über die folgenden Fragen müssen neue aktuelle Daten ermittelt werden:
„Welches Marktpotential wird bereits genutzt?"

„In welchem Umfang beabsichtigen die öffentlich bestellten und vereidigten Sachverständigen des Handwerks in den nächsten Jahren, im europäischen Ausland aktiv tätig zu werden?"

„Sehen die Sachverständigen in der Zertifizierung, zusätzlich zu ihrer öffentlichen Bestellung, Vorteile?"

6.1.1 Erreichung des Forschungszieles

Damit das Forschungsziel erreicht werden kann, werden die folgenden Gütekriterien für die wissenschaftliche Arbeit und die empirische Umfrage angewandt.

6.1.2 Gütekriterien der empirischen Umfrage

Mit der Quantifizierung von relevanten Untersuchungsmerkmalen wird mittels Fragebogen bei der Forschung das Ziel verfolgt, die Vergleichbarkeit von Daten sicher zu stellen und statistischen Auswertungsverfahren, im Hinblick auf mögliche Vergleiche, zugänglich zu machen. Mit der Transformation in quantitativen Größen wird auch ein Rationalisierungseffekt angestrebt, da auf diese Weise auch das umfangreiche Datenmaterial auf seinen Kern reduziert werden kann[75]. Um die hierfür erforderliche Vergleichbarkeit überprüfen zu können, wurden Gütekriterien entwickelt. Durch den zeitlichen Ablauf der Befragung und die Standardisierung des Fragebogens wird dies erreicht.

---

[75] Vgl. Raithel, J. (2008). Quantitative Forschung - ein Praxiskurs. 2. Aufl., Frankfurt: VS Verlag für Sozialwissenschaften S. 44

6.1.3 Gütekriterien

Nach Lienert (1989)[76] unterscheidet man bei empirischen Untersuchungen Haupt- und Neben-gütekriterien.

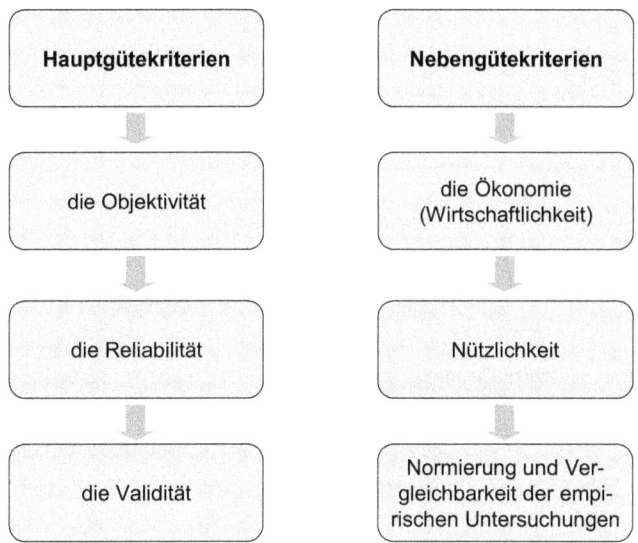

Abbildung 15: Gütekriterien

Bei der Arbeit werden die wissenschaftlichen Grundlagen überprüft und die notwendigen Kontrolluntersuchungen nach den oben aufgeführten Gütekriterien[77] ausgeführt. Daraus werden das Forschungsdesign und der Forschungsplan entwickelt.

6.2 Art des Forschungsdesign (research design)

Da das Problem bereits präzisiert werden kann und die Zielgruppe der öffentlich bestellten und vereidigten Sachverständigen klar definiert ist, wird ein deskriptives Design (descriptive research) für die Forschung verwendet. Ziel der Forschung ist es:

- Die Häufigkeit (das bereits genutzte Marktpotential) zu berechnen.
- Voraussagen über die Entwicklung zu treffen.

---

[76] Vgl. Lienert, Gustav A. (1989). Testaufbau und Testanalyse. München: Psychologie Verlags Union. S. 256
[77] Vgl. Raithel, J. (2008). a.a.O. S. 45

Mit Hilfe der quantifizierbaren Methode werden die Strukturen der Zusammenhänge und Regeln aufgedeckt. Daher wird die Erhebung der Daten dieser Arbeit dem quantitativen Paradigma zugerechnet[78].

Das Forschungsdesign lässt sich anhand folgender Kriterien differenzieren:

- Erhebungsmethode
- Zeitliche Dimension der Erhebung
- Art der Kontrolle

Die Daten werden systematisch in Sekundärdaten und Primärdaten unterschieden.

6.3 Entwicklung des Forschungsplanes (research plan)

6.3.1 Bestimmung der Datenquelle (data sources)

Die bereits vorliegenden und für einen anderen Zweck erhobenen **Sekundärdaten** (secondary data), wie z.b. die Statistiken des Zentralverbandes des deutschen Handwerks und die Umfrage EuroExpert - The Organisation for European Expert Associations u.a., sind als Erkenntnisse in die Arbeit entsprechend integriert und eingearbeitet.

Die für die Untersuchung benötigten **Primärdaten** (primary data) werden eigens für den Untersuchungszweck unter den öffentlich bestellten und vereidigten Sachverständigen des Handwerks in Deutschland erhoben.

6.3.2 Bestimmung der zeitlichen Dimension

Unter der Anzahl der Erhebungsphasen[79] wird die zeitliche Dimension der Erhebung verstanden. Die zeitliche Erhebung erfolgt innerhalb einer kurzen Zeit (bis zu 4 Wochen[80]), und wird daher als Querschnittdesign verstanden.

Ein Längsschnittdesign, welches nach Paneldesign und Trenddesign unterschieden werden könnte, eignet sich für den Nachweis der Marketinginstrumente und deren Einfluss nicht, da das genutzte Marktpotential und die voraussichtliche zukünftige Entwicklung nachzuweisen ist. Die

---

[78] Vgl. Raithel, J. (2008). ebd. S. 50
[79] Vgl. Raithel, J. (2008). ebd. S. 50
[80] Vgl. Abel. J./Möller, R./Treumann, K. (1998). Einführung in die empirische Pädagogik. Stuttgart: Kohlhammer Verlag. S. 34

Erhebungsbedingungen sind für alle teilnehmenden Sachverständigen durch den vorgegebenen zeitlichen Rahmen identisch.

Gewählt wird diese Methode, um eine einheitliche Umfrage zu sichern und Schwankungen[81] zu
eliminieren.

6.3.3 Bestimmung der Datenerhebungsmethode (research approches)

Im Rahmen des empirischen Nachweises werden nur die Primärdaten erhoben. Dies liegt in der
Arbeit und dem Forschungsziel begründet. Durch die große Anzahl (6800) an öffentlich
bestellten und vereidigten Sachverständigen des Handwerks in Deutschland, scheidet eine
Totalerhebung[82] aus. Der Nachweis erfolgt in Form einer stichprobenhaften Datenerhebung. In
der Bestimmung des Auswahlverfahrens unter 6.3.6 werden das Auswahlverfahren und die
Stichprobe ausführlich beschrieben.

6.3.4 Befragung (interview, survey research)

Die vorhandenen **Sekundärdaten** reichen für diese wissenschaftliche Arbeit nicht aus und so
müssen die benötigten Daten neu erhoben werden. Diese **Primärdaten** können mit folgenden
Befragungsverfahren erhoben werden:

- Persönliche Befragung
- Telefonische Befragung
- Schriftliche Befragung
- Online Befragung

Wegen der teilweisen großen Entfernungen und zur Erlangung einer möglichst breiten Streuung
der erhobenen Daten, wird als geeignete Datenerhebungsmethode die **Onlineumfrage** gewählt. Diese Methode ermöglicht eine schriftliche Befragung und eleminiert die Entfernungs-
problematik. Der Vorteil dieser Methode liegt darin, dass Verzerrungen[83], welche beispielsweise
durch persönliche Befragungen durch Abhängigkeit oder durch Tagesform entstehen können,
ausgeschlossen werden. Durch einen Link im E-Mail kann der Fragebogen im World Wide Web
(www) geöffnet und ausgefüllt werden.

---

[81] Vgl. Schnell, R./Hill, P. B./Esser, E. (2005). Methoden der empirischen Forschung. München. Oldenbourg: Wissensverlag.
      S. 217
[82] Vgl. Homburg, Ch./Rudolf, B. (1995). Wie zufrieden sind Ihre Kunden tatsächlich? In: Harvard Buisiness Manager. Heft 1. S. 43
[83] Vgl. Schnell, R./Hill, P./Esser, E. (2005). a.a.O. S. 300

6.3.5 Datenerhebungsinstrument (research instrument)

Die Datenerhebung erfolgt mittels eines standardisierten Online-Fragebogens. Der Fragebogen ist für alle Sachverständigen identisch und wird gleichzeitig versendet. Bei der Entwicklung wurden geeignete Items ausgearbeitet. Dies wurde mit anderen Sachverständigen ausführlich diskutiert und auf die Verständlichkeit empirisch mittels eines Pretestes vorab geprüft.

Da die öffentlich bestellten und vereidigten Sachverständigen des Handwerks als Empfänger eindeutig ausgewählt und definiert sind, kommt eine geschlossene Umfrage zum Einsatz. Die Umfrage wird mit einem professionellen Onlinebefragungssystem selbst durchgeführt.

6.4 Bestimmung des Auswahlverfahrens

Alle öffentlich bestellten und vereidigten Sachverständigen in Deutschland stellen die Grundgesamtheit des Auswahlverfahrens dar. Da die Befragung aller öffentlich bestellten und vereidigten Sachverständigen die Umfrage unnötig aufblähen würde, wird die Umfrage stichprobenartig ausgeführt.

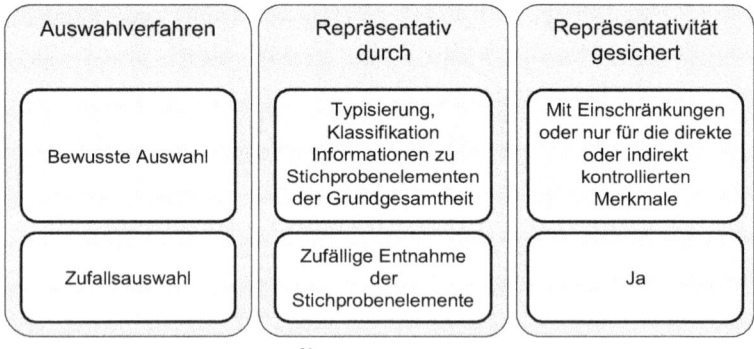

Auswahlverfahren	Repräsentativ durch	Repräsentativität gesichert
Bewusste Auswahl	Typisierung, Klassifikation Informationen zu Stichprobenelementen der Grundgesamtheit	Mit Einschränkungen oder nur für die direkte oder indirekt kontrollierten Merkmale
Zufallsauswahl	Zufällige Entnahme der Stichprobenelemente	Ja

Abbildung 16:Repräsentativität der Auswahlverfahren[84]

Bei der Stichprobe muss aber gewährleistet sein, dass die Grundgesamtheit möglichst genau wiedergespiegelt wird, d.h. sie muss repräsentativ sein. Die in der Abbildung aufgeführten Auswahlverfahren erreichen ein hohes Maß an Repräsentativität[85]:
Die Auswahl der öffentlich bestellten und vereidigten Sachverständigen des Handwerks erfolgt unter der oben aufgeführten Selektion. Die Auswahl der ö. b. u. v. Sachverständigen erfolgt unter Beachtung der Quotenauswahl durch eine zufällige Zuweisung. Dies bezeichnet man auch als Randomisierung. Personenbezogene Effekte sollen dadurch ausgeschlossen werden.

---

[84] Vgl. Raithel, J. (2008). a.a.O. S. 61
[85] Vgl. Raithel, J. (2008). ebd. S. 61

Die Randomisierung dieser Arbeit hat das Ziel, die Generalisierung auf die Grundgesamtheit aller öffentlich bestellten und vereidigten Sachverständigen vorzunehmen. In Anlehnung an Raithel bezeichnet man dies auch als Repräsentativitätsschluss[86].

6.4.1 Die Stichprobe (sampling)

Die folgende Abbildung zeigt die verschiedenen Möglichkeiten von Stichproben auf.

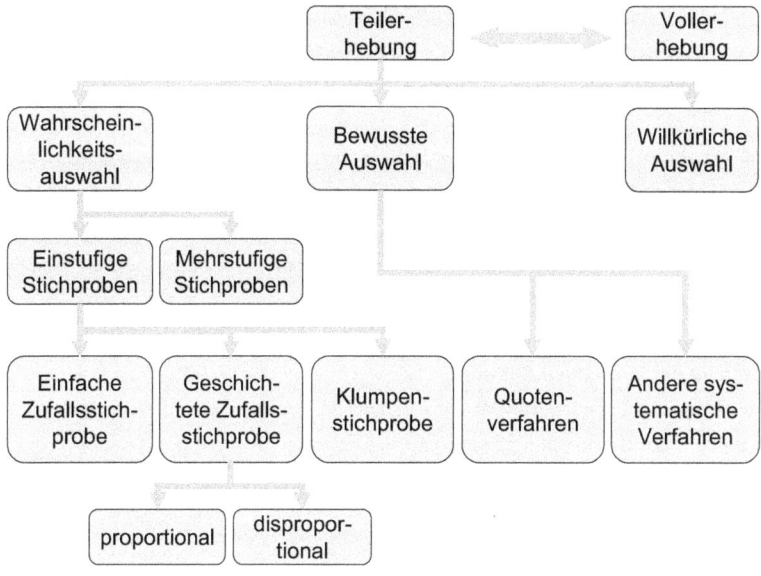

Abbildung 17: Übersicht der Auswahlverfahren[87]

Laut Friedrichs[88] gelten im Allgemeinen folgende Voraussetzungen für Stichproben:

- Die Stichprobe muss ein verkleinertes Abbild der Grundgesamtheit darstellen.
- Die Einheiten und Elemente müssen definiert sein.
- Die Grundgesamtheit soll angegeben werden und empirisch definierbar sein.
- Das Auswahlverfahren muss angegeben sein.

Da die oben genannten Voraussetzungen für die beabsichtigte Umfrage zutreffen, wird für diesen statistischen Zweck dieser Umfrage, die Stichprobe als Auswahlverfahren eingesetzt.

---

[86] Vgl. Raithel, J. (2008). ebd. S. 54
[87] Vgl. Raithel, J. (2008). ebd. S. 56
[88] Vgl. Friedrichs, J. (1990). Methoden empirischer Forschung. Opladen: Westdeutscher Verlag. S. 125

6.5 Wissenstand und Datenerhebung für die Umfrage

Für die öffentlich bestellten und vereidigten Sachverständigen im Handwerk gibt es keine aktuellen Zahlen, wie viele tatsächlich im europäischen Ausland tätig sind oder beabsichtigen dies in der Zukunft zu tun. Deshalb werden diese aktuellen Zahlen durch eine Umfrage ermittelt.

Es gibt ca. 6800 öffentlich bestellte und vereidigte Sachverständige des Handwerks in der Bundesrepublik Deutschland. Die Gesamtbevölkerung Deutschlands liegt nach aktuellen Zahlen des statistischen Bundesamtes bei ca. 82 500 000 Menschen. Aus diesen Zahlen wurde der folgende Schlüssel für die Umfrage erstellt:

Quotale Anzahl an beliebigen Sachverständigen des Handwerks, gesplittet nach dem Bevölkerungsanteil in Deutschland.

Die Festlegung der Anzahl der Teilnehmer erfolgt wie unter 6.3.7. beschrieben, durch Stichproben und Zufallsprinzip.

6.5.1 Umfang der bewussten Auswahl

Da eine mangelnde Repräsentativität der empirischen Erhebung ausgeschlossen werden soll, ist der Umfang der Stichproben abzuwägen. Hierbei kann an Hand der Kriterien „Vertrauensbereich" und „Sicherheitsgrad"[89] die Formel für Standardabweichung[90] beigezogen werden.

Diese Formel für Standardabweichung lautet:

$$n = 10 \times K^V$$

n = Mindeststichprobengröße
V = maximal erforderliche Kombination von Variablen
K = durchschnittliche Zahl der Merkmalsausprägungen
x = Multiplikationszeichen

Die durchschnittliche Anzahl der Merkmalsausprägungen lässt sich wie folgt definieren. Es können je Fragebereich nur zwei Merkmalsausprägungen bestehen (Auswirkung „ja" oder „nein" / die Auswirkung „keine Angaben" wurde mangels Reliabilität ausgeschlossen). Hingegen können die Variablen im Sinne dieser Erhebung nur die Bestandteile der Erhebung als solches sein. Die Selektion dieser Fragebereiche ist wiederum Ziel der Untersuchung als solches.

---

[89] Vgl. Atteslander, P. (2003). Methoden empirischer Sozialforschung. 10. Aufl. Berlin, New York: de Gruyter Verlag. S. 314 ff
[90] Vgl. Friedrichs, J. (1990). a.a.O. S. 144 ff

Entsprechend den denkbaren Fragebereichen sind diese – im Vorgriff auf die Befragung – zu gruppieren. Jede Gruppierung kann dabei als Variable verstanden werden.

Denkbare Gruppierungen[91] der Fragebereiche sind:

* Europakonforme Regelung der Zertifizierung durch die Bestellungskörperschaft.
* Umsetzung der Sachverständigendienstleistung im europäischen Markt.
* Bereitschaft der Kompetenzerweiterung durch zusätzliche Zertifizierung.
* Entwicklung des Qualitätsstandard durch die europäische Marktöffnung.

Werden die Gruppierungen den Variablen zugeordnet, so ergibt sich folgender Wert als Mindeststichprobengröße:

$$n = 10 \times 2^4$$
$$n = 160$$

Somit sind mindestens 160 Sachverständige in die Befragung einzubinden bzw. es müssen mindestens 160 Sachverständige teilnehmen. Um nun die Teilnehmeranzahl zu bestimmen, ist vorab die Rücklaufquote zu schätzen. In Anlehnung an Hüttner, M.[92] und Bennemann, S.[93] ist von einer Rücklaufquote von 25 % auszugehen, was zu einer Teilnehmeranzahl von 600 Sachverständigen führt.

6.6 Pretest

Um eine gesicherte Online-Umfrage[94] umzusetzen und die Rücklaufquote vorab zu überprüfen, wird der Umfrage ein Pretest vorgeschaltet. Mittels dieses Pretests soll Folgendes geprüft werden:

* Funktion der Befragung
* Schlüssigkeit der Befragung
* Rücklaufquote
* Plausibilitätsprüfung der Befragung

Als Teilnehmeranzahl des Pretest werden in Anlehnung an Friedrichs[95] 1 % der berechneten Mengen gefordert. Da 1 % von n = 160 zu einer nicht umsetzbaren Pretestteilnehmeranzahl von

---

92 Vgl. Hüttner, M. (1999). Grundzüge der Marktforschung. 7. Aufl. München: Oldenbourg Wissenschaftsverlag. S. 72
93 Vgl. Bennemann, S. (2002). Die Zustellung als Marketingproblem im E-Commerce für Konsumenten. Dissertation. Universität Braunschweig. Braunschweig: Möllenberg Verlag. S. 185
94 Vgl. Höfte-Frankenhauser, K., Wälty H. F. (2009). Marktforschung. Grundlagen mit zahlreichen Beispielen, Repititionsfragen mit Lösungen und Glossar. 2. Aufl., Zürich: Compendio Bildungsmedien AG. S. 69
95 Vgl. Friedrichs, J. (1990). a.a.O. S. 245

1,6 führen würde, ist nach anderen Mindestgrößen zu entscheiden. Diese finden sich in den Ausführungen von Bortz[96] wieder, welcher mindestens 30 Teilnehmer bei jeder Testbefragung fordert. Somit wird der Pretest mit 30 Teilnehmern durchgeführt.

6.6.1 Auswertung des Pretests

Der Pretest wurde in der Zeit vom 10.6.2010 bis 19.6.2010 durchgeführt. Die Auswahl der öffentlich bestellten und vereidigten Sachverständigen, die am Pretest teilnahmen, wurden aus den gesamten ö. b. u. v. Sachverständigen des Handwerks zufällig ausgewählt. Der Nachweis des Pretests ist im Anhang unter Anhang 1 wiedergeben. Die Auswertung des Pretests ergab eine Rücklaufquote von 21 %. Der Pretest lag mit 4 % unter den Erwartungen von 25 %[97]. Es konnte festgestellt werden, dass der Rücklauf zu Beginn der Umfrage sehr gut war und nach 3 Tagen vollständig abbrach.

Aus dem Pretest konnten die folgenden Erkenntnisse gewonnen werden:

- Das Verständnis der Fragen war gegeben, der Fragebogen war einfach[98] und übersichtlich.
- Die aufgetretene Varianz[99] konnte somit ermittelt werden.
- Die theoretische Aussagekraft konnte erzielt werden.
- Fehlbedienungen wurden nicht festgestellt und somit ausgeschlossen.
- Eine Erinnerung an die Umfrage fehlte.

6.6.2 Modifizierung des Erhebungsinstrumentes

Durch die Erkenntnisse aus dem Pretest wurde das Einladungs-E-Mail informativer und einladender gestaltet. Damit wird das Interesse an der Umfrage geweckt[100] und gleichzeitig der Fragebogen modifiziert. Eine Frage, die für die Zahlen der zukünftigen Entwicklung von Bedeutung ist, wurde zusätzlich in den Fragebogen eingebaut. Da nach 3 Tagen der Rücklauf des Pretests völlig abgebrochen war, wird ein Erinnerungs-E-Mail bei der Onlinebefragung eingebaut und 5 Tage vor Ablauf automatisch an die Teilnehmer, die noch nicht an der Umfrage teilgenommen haben, aktiviert.

---

[96] Vgl. Bortz, J. (1993). Statistik: Für Human- und Sozialwissenschaften. 6. Aufl. Berlin, Heidelberg: Springer Verlag. S. 99
[97] Vgl. Bennemann, S. (2002). a.a.O. S. 185
[98] Vgl. Dillmann, D. A.(1978). Mail and Telephone Surveys. The Total Design Method. New York: Wiley. S. 33 ff
[99] Vgl. Bortz, J./Döring, N. (2006). a.a.O. S. 622
[100] Vgl. Schumann, S. (2000). Repräsentative Umfrage - Praxisorientierte Umfrage - Praxisorientierte Einführung in empirische Methoden und statistische Analyseverfahren. 3. Aufl. München, Wien: Oldenbourg, Wissenschaftsverlag. S. 75

7 Datenerhebung wird umgesetzt

Die Umfrage für die Datenerhebung erfolgte in der Zeit vom 20.06.2010 bis 29.06.2010. Die Umfrage wird in das Einlandungs-E-Mail an die öffentlich bestellten und vereidigten Sachverständigen des Handwerks eingebunden und über den link: http://www.askallo.com/6mj8xnh9/survey.html konnte an der Umfrage teilgenommen werden.

7.1 Die Wahl der Stichprobengröße

Die Wahl der Stichprobengröße wurde nach den Erkenntnissen des Pretests wie folgt festgelegt:

- 5 % ist der maximale Wert der als Stichprobenfehler noch akzeptiert wird.
- Das Vertrauensintervall wird mit 85 % festgelegt.
- Ca. 6800 Sachverständige ergeben die Grundgesamtheit.
- 35 % sind die Erwartungen bezüglich des Ergebnisses.

Daraus ergibt sich die kleinste empfohlene Stichprobengröße von mind. 184 eingehenden und beantworteten Fragebögen[101].

7.1.1 Das Auswahlverfahren

Es wird die bewusste Auswahlmethode als Auswahlverfahren gewählt. Die Selektionskriterien bieten die Gewähr dafür, dass aus den Ergebnissen der Stichprobe, in Bezug auf die Verteilung aller Merkmale in der Grundgesamtheit, geschlossen werden kann. Dies wird auch als Quotenauswahl bezeichnet.

Durch die Zufallsauswahl der Sachverständigen in der zweiten Selektionsebene wird eine aussagefähige und gesicherte Repräsentativität erreicht[102].

---

[101] Link: http://www.bauinfoconsult.de/Stichproben_Rechner.html, 4.7.2010
[102] Vgl. Kromrey, H. (2002). Empirische Sozialforschung. Modelle und Methoden der standardisierten Datenerhebung und Datenauswertung. 10. Aufl. Opladen: Westdeutscher Verlag. S. 302

7.2 Ergebnisse der Umfrage

7.2.1 Allgemeines zur Umfrage

Auswertung der Onlinebefragung

Die Verwendung der Umfragesoftware von Askollo gab die Datenaufarbeitung vor. Die Software orientiert sich an die vorgegebenen statistischen Verfahren. Die Datenmatrix und der Kodeplan[103] wurde somit vor der Befragung vorgegeben. Nach der Beendigung der Umfrage erfolgte die Auswertung programmbezogen und internetbasiert, wobei ein Zugangsschutz vorgeschaltet war.

Unter link: http://members.askallo.com/index.php?pn=Survey_Survey&strKey=bericht_6mxl7 Askallo wurde die gesamte Umfrage in Form eines Berichtes publiziert. Die nachfolgenden Auswertungen und Ergebnisse werden sachlich und funktional dargestellt

7.2.2 Indikator Rücklaufquote

Bei der Onlinebefragung kam es zu folgender Rücklaufquote:

Dokumentation Rücklauf

Datum	Rücklauf vollständig	Rücklauf abgebrochen	Rücklauf prozentual
20.6.2010	27	3	14,2 %
21.6.2010	47	6	24,4 %
22.6.2010	28	0	14,6 %
23.6.2010	15	0	7,8 %
24.6.2010	8	1	4,2 %
25.6.2010	0	0	0 %
26.6.2010	19	8	9,9 %
27.6.2010	10	2	5,2 %
28.6.2010	22	7	11,4 %
29.6.2010	16	0	8,3 %
Gesamt	192	46	100 %

Tabelle 2:   Auswertung der Umfrage. Tabelle mit Rücklaufquote, historische Darstellung

---

[103] Vgl. Kirchhoff, S./Kuhnt, S./Lipp, P./Schlawin, S. (2003). Der Fragebogen, Datenbasis, Konstruktion und Auswertung. 3. Aufl. Wiesbaden: VS-Verlag. S. 37 ff

580 Teilnehmer, die nach dem Quotenauswahlverfahren errechnet wurden, wurden mittels Onlinebefragung zur Umfrage eingeladen. Die Umfrage wurde von 236 Teilnehmern aufgerufen, davon brachen 17 auf der Begrüßungsseite die Umfrage ab. 219 Teilnehmer haben die Umfrage gestartet und während der Umfrage brachen 27 Teilnehmer ab. Somit waren es 192 vollständig ausgefüllte Fragebögen.

Aus den Erkenntnissen des Pretests wurde ein Erinnerung-E-Mail in die Umfrage eingebaut. Dies bewirkte, dass weitere 67 Teilnehmer und somit 11,6 % nach dem Erinnerungs-E-Mail den Fragebogen beantworteten. Die Rücklaufquote entspricht den Erwartungen und ist mit 33,7 % Rücklauf um 1,3 % unter der Vorgabe von 35 %.

7.2.3 Streuung der Stichprobe

Die Teilnehmer der Stichprobe, die geantwortet haben, sind wie folgt auf die Bundesländer aufgeteilt:

Frage: In welchem Bundesland sind Sie tätig			
Antwort	0% 50% 100%	abs.	rel. [%]
Baden Württemberg		34	17,71 %
Bayern		20	10,42 %
Berlin		3	1,56 %
Brandenburg		5	2,60 %
Bremen		11	5,73 %
Hamburg		5	2,60 %
Hessen		26	15,54 %
Mecklenburg-Vorpommern		7	3,65 %
Niedersachsen		5	2,60 %
Nordrhein-Westfalen		7	3,65 %
Rheinland Pfalz		7	3,65 %
Saarland		11	5,73 %
Sachsen		19	9,90 %
Sachsen-Anhalt		6	3,13 %
Schleswig Holstein		8	4,17 %
Thüringen		17	8,85 %
Unbeantwortet		1	0,52 %
Gesamt		192	100 %

Tabelle 3: Auswertung der Umfrage – Teilnehmer auf die Bundesländer verteilt.

Die Tabelle bestätigt eine breite Streuung der Stichprobe.

Frage: Wie lange sind Sie bereits als Sachverständiger Tätig?

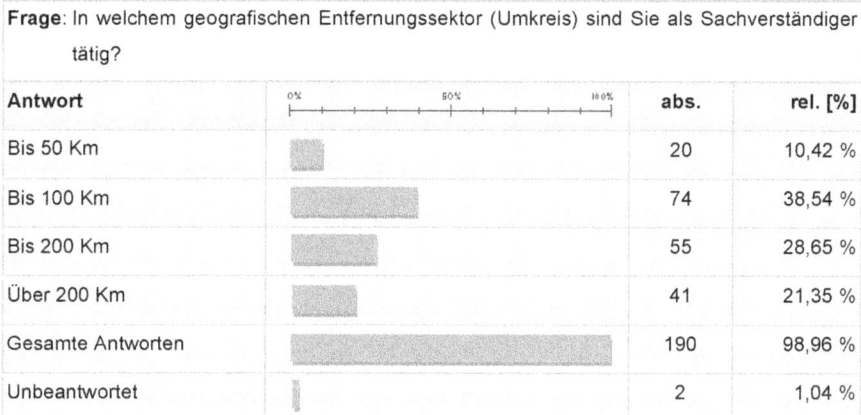

Antwort	0% 50% 100%	abs.	rel. [%]
1-5 Jahre		54	28,13 %
5-10 Jahre		67	34,90 %
10-20 Jahre		55	28,65 %
Über 20 Jahre		1	0,52 %
Keine Angaben		0	0,00 %
Gesamte Antworten		190	98,96 %
Unbeantwortet		1	0,52 %

Tabelle 4: Auswertung der Umfrage – Wie lange schon tätig

Bei dieser Tabelle wird ebenfalls die beabsichtigte Streuung der Stichprobe bestätigt.

Frage: In welchem geografischen Entfernungssektor (Umkreis) sind Sie als Sachverständiger tätig?

Antwort	0% 50% 100%	abs.	rel. [%]
Bis 50 Km		20	10,42 %
Bis 100 Km		74	38,54 %
Bis 200 Km		55	28,65 %
Über 200 Km		41	21,35 %
Gesamte Antworten		190	98,96 %
Unbeantwortet		2	1,04 %

Tabelle 5: Auswertung der Umfrage – Aktionsradius

7.2.4 Auswertung der Stichprobe

Die Repräsentativität ist durch die Stichprobe die anhand der Kriterien ""Vertrauensbereich" und „Sicherheitsgrad"[104] und der Formel für Standardabweichungen[105] durchgeführt wurde, gewährleistet.

---

[104] Vgl. Atteslander, P. (2003). a.a.O. S. 314 ff
[105] Vgl. Friedrichs, J. (1990). a.a.O. S. S. 62

7.2.5 Auswertung der Sachverständigentätigkeit im Ausland

Durch die Öffnung des europäischen Binnenmarktes[106] haben die Sachverständigen die Möglichkeit, ihre Arbeit europaweit auszuüben. Mit der Umfrage konnten aktuelle Daten ermittelt werden. 12 % der Sachverständigen tätigen bereits ihre Leistungen im europäischen Ausland.

Frage: Bei Ihrer Sachverständigentätigkeit sind Sie da auch im europäischen Ausland tätig?

Antwort	0% 50% 100%	abs.	rel. [%]
Ja		23	11,98 %
Nein		164	85,42 %
Keine Antwort		1	0,52 %
Gesamt		188	97,92 %
Unbeantwortet		4	2,08 %

Tabelle 6: Auswertung der Umfrage – Auslandstätigkeit

Die Werte, wie die Sachverständigen des Handwerks den europäischen Markt zukünftig nutzen wollen, stellt sich wie folgt dar:

Knapp 24 % der Befragten beabsichtigen ihre Sachverständigenarbeit in Zukunft auch im benachbarten Ausland zu tätigen. Dies bedeutet: 12 % der Sachverständigen des Handwerks sind bereits im Ausland tätig und rund 12 % der Sachverständigen beabsichtigen, diesen neuen Markt zusätzlich zu nutzen.

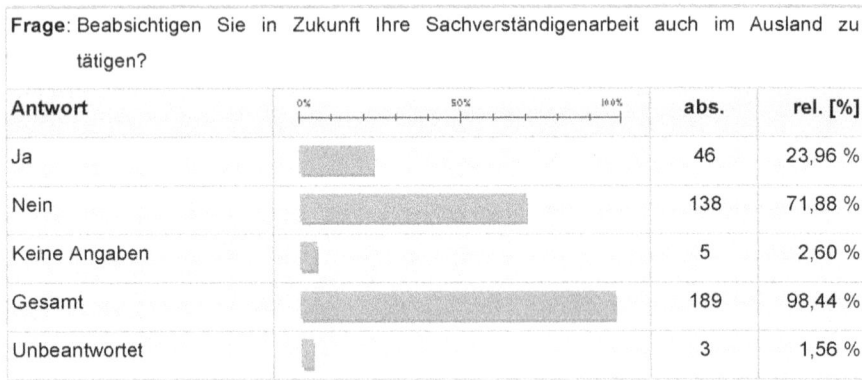

Frage: Beabsichtigen Sie in Zukunft Ihre Sachverständigenarbeit auch im Ausland zu tätigen?

Antwort	0% 50% 100%	abs.	rel. [%]
Ja		46	23,96 %
Nein		138	71,88 %
Keine Angaben		5	2,60 %
Gesamt		189	98,44 %
Unbeantwortet		3	1,56 %

Tabelle 7: Auswertung der Umfrage – Zukünftige Auslandstätigkeit

---

[106] Vgl. Strahlenschulde, E. D. (2007). a.a.O. S. 94, 95

Die Gründe der Sachverständigen, die kein Interesse an der Tätigkeit im Ausland haben, sind mit mehr als 50 % Zeitmangel, gefolgt von rund 31 % fehlenden Fremdsprachenkenntnissen. Bei dieser Antwort waren mehrere Antworten möglich um einen Überblick über die wichtigsten Gründe zu bekommen.

Frage: Wenn Sie kein Interesse an der Tätigkeit im Ausland haben, welche Gründe spielen dabei eine Rolle (mehrere Antworten sind möglich)?

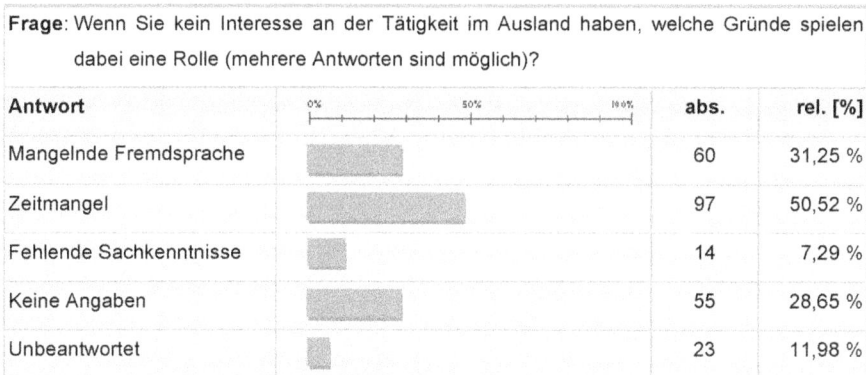

Antwort	0% 50% 100%	abs.	rel. [%]
Mangelnde Fremdsprache		60	31,25 %
Zeitmangel		97	50,52 %
Fehlende Sachkenntnisse		14	7,29 %
Keine Angaben		55	28,65 %
Unbeantwortet		23	11,98 %

Tabelle 8:   Auswertung der Umfrage – Gründe bei Nichtinteresse

Bei der Weiterbildung wird laut der Umfrage mit ca. 60 % keine spezielle Weiterbildung für den europäischen Tätigkeitsbereich angestrebt. Jedoch rund 34 % beabsichtigen sich mit unterschiedlichen Schwerpunkten fortzubilden. Die Schwerpunkte sind mit ca. 10 % eine europaweite Ausrichtung, mit 17 % die nationalen Auswirkungen und mit knapp 7 % steht das benachbarte Ausland im Vordergrund.

Frage: Beabsichtigen Sie sich in den kommenden Jahren im Sachverständigenwesen, mit Fokus auf den europäischen Tätigkeitsbereich, verstärkt Fortzubilden?

Antwort	0% 50% 100%	abs.	rel. [%]
Ja, europaweit Ausw.		20	10,42 %
Ja, national Ausw.		33	17,19 %
Ja, Nachbarstaaten Ausw.		13	6,77 %
Nein		114	59,38 %
Keine Angaben		11	5,73 %
Gesamte Antworten		190	98,48 %
Unbeantwortet		1	0,52 %

Tabelle 9:   Auswertung der Umfrage – Fortbildungsabsichten

Bei der Sachverständigenarbeit im europäischen Ausland konnten sich für die Zukunft 26 % der Befragten eine Kooperation[107] mit Sachverständigenkollegen vorstellen. 24 % konnten sich ein Netzwerk für die Zusammenarbeit vorstellen, jedoch jeder für sich selbstständig. Die größte Gruppe mit 46 % hat mit Nein, oder Weiß ich noch nicht geantwortet

Frage: Können Sie sich im Rahmen Ihrer weiteren Sachverständigentätigkeit eine Zusammenarbeit mit Kollegen im europäischen Ausland vorstellen?

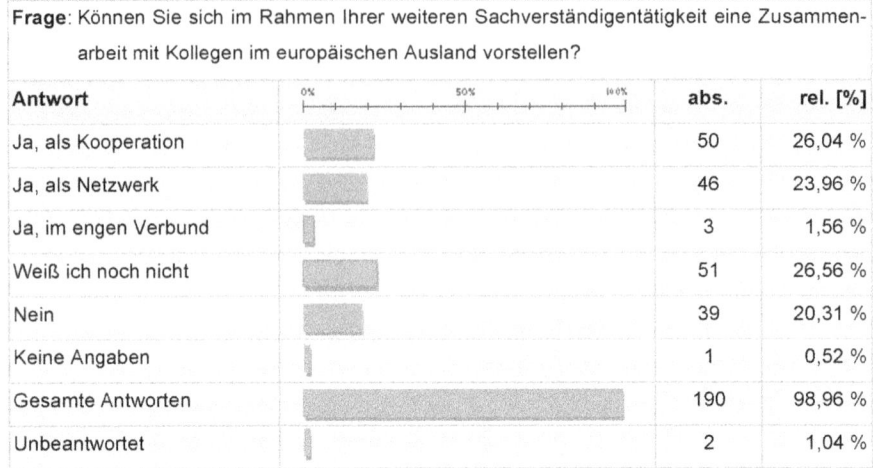

Antwort	0% 50% 100%	abs.	rel. [%]
Ja, als Kooperation		50	26,04 %
Ja, als Netzwerk		46	23,96 %
Ja, im engen Verbund		3	1,56 %
Weiß ich noch nicht		51	26,56 %
Nein		39	20,31 %
Keine Angaben		1	0,52 %
Gesamte Antworten		190	98,96 %
Unbeantwortet		2	1,04 %

Tabelle 10: Auswertung der Umfrage – Zusammenarbeit mit Kollegen

Die Befürchtung, dass ausländische Sachverständige vermehrt auf dem nationalen Markt agieren könnten, wurde von den Befragten mit 77 % eindeutig mit Nein beantwortet.

Frage: Fürchten Sie, durch die europaweite die europaweite Öffnung, dass Ausländische Sachverständige vermehrt auf dem nationalen Markt agieren?			
Antwort	0% 50% 100%	abs.	rel. [%]
Ja		21	10,94 %
Nein		148	77,08 %
Ja, im engen Verbund		15	7,81 %
Keine Angaben		2	1,04 %
Gesamte Antworten		190	98,96 %
Unbeantwortet		2	1,04 %

Tabelle 11: Auswertung der Umfrage – Ausländische Sachverständigentätigkeit

---

[107] Link: http://www.hwk-stuttgart.de/beratung/internationale-kooperationen_8814.shtml, 5.7.2010

25 % der befragten Sachverständigen sehen einen Vorteil in der Möglichkeit, europaweit tätig zu werden. 70 % der Befragten, also der Großteil, antwortete mit Nein oder Weiß nicht.

Frage: Die Möglichkeit europaweit tätig zu sein, sehen Sie dadurch persönliche Vorteile für Ihre Tätigkeit?

Antwort	0% 50% 100%	abs.	rel. [%]
Ja		48	25,00 %
Nein		108	56,25 %
Weiß nicht		28	14,58 %
Keine Angaben		4	2,08 %
Gesamte Antworten		188	97,92 %
Unbeantwortet		4	2,08 %

Tabelle 12: Auswertung der Umfrage - Vorteile durch Europa

25 % der Sachverständigen sehen Vorteile durch die Möglichkeit europaweit tätig zu sein. Der Großteil 56,25 %, die mit Nein und 14,58 % mit Weiß nicht geantwortet haben, sehen allerdings keine Vorteile in der Möglichkeit europaweit tätig zu sein.

7.2.6 Europakonforme Regelung

Das deutsche Modell mit der öffentlichen Bestellung und Vereidigung der Sachverständigen, konnte sich in der Europäischen Union nicht durchsetzen.[108] Dieses Modell war und ist allerdings bei den europäischen Nachbarn eher unbekannt. Bei ihnen dominiert dagegen bereits seit Langem das Prinzip der Zertifizierung.

---

[108] Vgl. Cors, K.(2006). a.a.O. S. 80

Frage: Sind Sie neben Ihrer öffentlichen Bestellung als Sachverständiger auch als Zertifizierter Sachverständiger registriert?

Antwort	0% 50% 100%	abs.	rel. [%]
Ja		16	8,33 %
Nein		168	87,50 %
Keine Angaben		5	2,60 %
Gesamte Antworten		189	98,44 %
Unbeantwortet		3	1,56 %

Tabelle 13: Auswertung der Umfrage – Als Zertifizierter sachverständiger registriert

Mit ca. 8 % ist nur ein kleiner Anteil der ö. b. u. v. Sachverständigen zusätzlich als zertifizierter Sachverständiger[109] registriert.

Frage: Als öffentlich bestellter und vereidigter Sachverständiger können Sie sich auch zusätzlich zertifizieren lassen. Beabsichtigen Sie dies zu tun?

Antwort	0% 50% 100%	abs.	rel. [%]
Ja		40	20,83 %
Nein		133	69,27 %
Keine Angaben		16	8,33 %
Gesamte Antworten		189	98,44 %
Unbeantwortet		3	1,56 %

Tabelle 14: Auswertung der Umfrage – Zertifizierungsabsichten

Die Absicht sich zusätzlich zertifizieren zu lassen, beabsichtigen knapp 21 % der öffentlich bestellten und vereidigten Sachverständigen.

---

[109] Vgl. Haas, R./Frost, A. (2009). a.a.O. S. 19

Frage: Würden Sie es begrüßen, wenn die Bestellungskörperschaften (Handwerkskammern) eine Möglichkeit einer Europaweiten Anerkennung (Zertifizierung) fördern würde?

Antwort	0%　　　　　50%　　　　　100%	abs.	rel. [%]
Ja		131	68,23 %
Nein		20	10,42 %
Keine Angaben		38	19,79 %
Gesamte Antworten		189	98,44 %
Unbeantwortet		3	1,56 %

Tabelle 15: Auswertung der Umfrage – Handwerkskammer und Zertifizierung

Die Handwerkskammern sind für das Sachverständigenwesen der ö. b. u. v. Sachverständigen des Handwerks zuständig. Mit 68 % würden die Sachverständigen es begrüßen, wenn ihnen die Handwerkskammern eine europaweite Anerkennung (Zertifizierung) ermöglichen würden.

Frage: Unterstellt Sie gehen von Vorteilen durch eine Zertifizierung aus. Wie würden Sie diese Vorteile bezeichnen (mehrere Antworten sind möglich)?

Antwort	0%　　　　　50%　　　　　100%	abs.	rel. [%]
Mehr Umsatz		96	50 %
Mehr Reputation		21	10,94 %
Mehr Anerkennung		59	30,73 %
Konkurrenzschutz		45	23,44 %
Marktbehauptung		79	41,15 %
Unbeantwortet		19	9,90 %

Tabelle 16: Auswertung der Umfrage – Vorteile durch Zertifizierung

Die Wirtschaftlichkeit ist auch für die Sachverständigen ein elementares Thema. Mit 50 % Umsatz und 41 % Marktbehauptung wird dies hervorgehoben.

7.2.7 Entwicklung der Qualität

In der Entwicklung der Sachverständigenleistung durch die europaweite Marktöffnung, sehen die Sachverständigen des Handwerks mit 43,75 % eine Qualitätsverschlechterung. 36,46 % gehen davon aus, dass der Qualitätsstandard in der europäischen Union[110] gleich bleibt.

Frage: Wie sehen Sie die zukünftige Entwicklung der Qualität der Sachverständigendienstleistung durch die Marktöffnung?

Antwort	0% 50% 100%	abs.	rel. [%]
Qualität bleibt gleich		70	36,46 %
Qualität verbessert sich		11	5,73 %
Qualität verschlechtert sich		84	43,75 %
Weiß nicht		22	11,46 %
Keine Angaben		4	2,08 %
Gesamte Antworten		191	99,48 %
Unbeantwortet		1	0,52 %

Tabelle 17: Auswertung der Umfrage – Qualität der Sachverständigendienstleistung

7.2.8 Zusammenfassung

24 % der Sachverständigen des Handwerks beabsichtigen, sich nach den Auswertungen der Umfrage, in Zukunft auf dem europäischen Markt zu betätigen. Daher ist es notwendig, dass die Sachverständigen eine europaweite Anerkennung besitzen. Da das deutsche Modell der öffentlichen Bestellung in Europa nicht eingeführt werden konnte, bleibt für eine allgemein gültige Anerkennung in Europa nur die Zertifizierung als Sachverständiger. Dies unter der Voraussetzung, dass eine anerkannte Zertifizierungsstelle nach DIN ISO/ISE 17024 Stelle (weltweit anerkannt) die Sachverständigen europakonform zertifiziert

Als Teilthese 3 lässt sich daher ausführen:

In Bezug auf die europäischen Märkte können sich für die Sachverständigen des Handwerks, durch eine Zertifizierung bei einer anerkannten Zertifizierungsstelle nach ISO/ISE 17024, Vorteile ergeben.

---

[110] Vgl. Strahlenschulde, E. D. (2007) a.a.O. S. 35

8 Marktentwicklung für Sachverständige

8.1 Entwicklung der Auslandstätigkeit

Bei der Auswertung der Umfrage unter den ö. b. u. v. Sachverständigen des Handwerks, konnte eine vergleichbare Entwicklung mit Handwerksbetrieben festgestellt werden.

Eine Umfrage des Zentralverbandes des deutschen Handwerks im dritten Quartal 2007, hatte u.a. das Ziel herauszufinden, wie viele Handwerksunternehmen ihre Waren und Dienstleistungen im Ausland anbieten und tätigen. Während 1994 nur 3,1 % aller Handwerksunternehmen ihre Waren und Dienstleistungen im Ausland angeboten haben, waren es nach den Ergebnissen der Umfrage, in den teilnehmenden Kammerbezirken 6,6 %. Berücksichtigt man zusätzlich die Ergebnisse aus Baden-Württemberg, so erhöht sich die Zahl der Exporteure auf 7,2 %. Lediglich 2,7 % der Handwerksunternehmen, die nicht im Auslandsgeschäft tätig sind, planen konkrete Auslandsgeschäfte. 8,5 % der teilnehmenden Unternehmen können sich Auslandsgeschäfte in Zukunft vorstellen. Diese Zahlen wurden im Jahr 2007 bei einer Sonderumfrage ermittelt[111].

Die unten aufgeführte Grafik zeigt die vergleichbare Entwicklung deutlich.

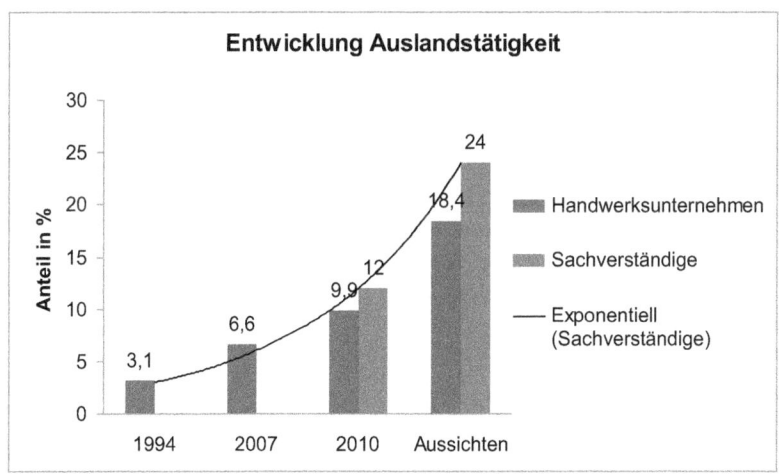

Abbildung 18: Auslandstätigkeit Entwicklung im Vergleich

---

[111] Vgl. Weiss, P. (2007). ZDH. (Hrsg.) Überregionaler Absatz und Einkauf des Handwerks. Link: http://www.zdh.de/wirtschaft-und-umwelt/konjunktur-umfragen/sonderumfragen/ueberregionaler-absatz-und-einkauf-des-handwerks.html, 5.7.2010

Bei den Sachverständigen zeigen die aktuell erhobenen Daten einen vergleichbaren Trend wie bei den Handwerksunternehmen. Nach der Auswertung ergibt sich ein Marktanteil von ca. 12 %. In Zukunft können sich rund 24 % der Sachverständigen eine Tätigkeit im Ausland vorstellen.

Für den Vergleich sollte man in Betracht ziehen, dass bei der Umfrage unter den Sachverständigen 64,1 % in einem Bundesland tätig sind, die an ein europäisches Nachbarland angrenzen und somit einen höheren Anteil der Teilnehmer darstellten

8.2 Potential für Sachverständige

Die Sachverständigen haben durch ihren hohen Qualitätsstandard gute Chancen auf dem europäischen Binnenmarkt[112]. Diese Entwicklung zeigt sich auch für den Sachverständigen des Handwerks. Durch die Umfrage konnte belegt werden, dass bei der Entwicklung der Auslandstätigkeit weiteres Potential vorhanden ist. Damit ist eine deutliche Zunahme zu erwarten.

8.3 Vorteile durch die Zertifizierung

Da sich die öffentliche Bestellung der Sachverständigen in Europa nicht durchsetzen konnte, sind die Zertifizierungssysteme nach DIN EN ISO/IEC 17024 die zukünftigen Modelle für das Sachverständigenwesen in Europa.

Es konnte festgestellt werden, dass die Anforderungen der deutschen Sachverständigen international konform sind. Die Qualifizierungen der öffentlich bestellten und vereidigten Sachverständigen können bei einer Zertifizierung ohne erneute Prüfungen übernommen werden[113].

Mit der Zertifizierung ist eine allgemeine Anerkennung in Europa gegeben. Daraus ergeben sich für die international tätigen Sachverständigen Vorteile.

---

[112] Vgl. Floter, B. (2007). a.a.O. S. 11
[113] Vgl. Bleutge, K. (2006). a.a.O. S. 21

9 Zusammenfassung und Ergebnis der Masterarbeit

9.1 Ergebnis der empirischen Untersuchung

Mit der empirischen Untersuchung konnten die aktuellen Marktaktivitäten der öffentlich bestellten und vereidigten Sachverständigen auf dem europäischen Markt festgestellt werden. Bei
der Umfrage gaben 11,96 % der teilnehmenden Sachverständigen an, dass Sie bereits im europäischen Ausland tätig sind.

Weiter konnte festgestellt werden, dass ein Anstieg der Auslandtätigkeiten von den öffentlich
bestellten und vereidigten Sachverständigen des Handwerks in Zukunft beabsichtigt wird.

Bei den Auslandsstrategien können sich die Sachverständigen Kooperationen und Netzwerke
für die Zusammenarbeit mit ausländischen Kollegen vorstellen.

Für die öffentlich bestellten und vereidigten Sachverständigen des Handwerks bietet daher der
europäische Markt eine optimale Ausgangsbasis für den dauerhaften Aufbau von zusätzlichem
Marktpotential.

9.2 Zusammenfassung der Masterthese

Die Sachverständigen des Handwerks haben durch ihren hohen Qualitätsstandard gute
Chancen auf dem europäischen Markt. Die Masterarbeit macht deutlich, dass die Möglichkeiten
für die Sachverständigen des Handwerks, im europäischen Raum tätig zu werden, in Zukunft
steigen werden.

In den verschiedenen Ländern sind die Rechte und Pflichten für die Sachverständigen auf
einem vergleichbaren Qualitätsstandard, wie die Umfrage der europäischen Organisation
EuroExpert aufzeigt[114].

Die öffentlich bestellten und vereidigten Sachverständigen im Handwerk erfahren durch die
Praxiserfahrung und das Fachwissen allgemein eine hohe Akzeptanz. Deshalb vertrauen
deutsche Privatpersonen und Handwerksbetriebe bei Streitschlichtungen auch im Ausland auf
die besondere fachliche Kompetenz.

---

[114] Vgl. Bleutge. K. (2006). a.a.O. S. 24

Auch im Ausland scheuen die Unternehmen die hohen Kosten eines gerichtlichen Rechtstreites und den großen zeitlichen Aufwand, welcher dieser mit sich führt. Hier bietet die außergerichtliche Streitschlichtung durch die Sachverständigen eine sinnvolle Alternative. Deshalb besteht auch Bedarf an international tätigen Sachverständigen des Handwerks.

Die deutschen Anforderungen an die Sachverständigen sind international konform - dies zeigen die Qualitätsstandards, die von Deutschland ohne erforderliche zusätzliche Umsetzungsakte bereits erfüllt werden[115].

Des Weiteren konnte festgestellt werden, dass eine europakonforme Regelung durch die Handwerkskammern, für die öffentlich bestellten und vereidigten Sachverständigen, die beste Lösung wäre.

Die Bereitschaft der Kompetenzerweiterung durch zusätzliche Zertifizierung kann für den öffentlich bestellten und vereidigten Sachverständigen des Handwerks, Vorteile für seine Tätigkeit ergeben.

Die Internationalisierung erfordert eine europaweite Anerkennung einheitlicher Qualitätsauszeichnungen für die Sachverständigen. Da sich das deutsche Modell mit der öffentlichen Bestellung in Europa nicht durchsetzen konnte, kann für die europaweite Tätigkeit und damit einer internationalen Anerkennung, nur noch die „Zertifizierung" durch eine anerkannte Zertifizierungsstelle nach DIN EN ISO/IEC 17024 in Frage kommen.

Auf Dauer kann sich der Sachverständige dieser Anerkennungsform nicht entziehen[116].

9.3 Europäische Entwicklung und Ziel

Durch die zunehmende Internationalisierung von Auftraggebern werden neue Betätigungsfelder für die Sachverständigen geschaffen. Eine Marktumfrage, die vom Zentralverband des deutschen Handwerks (ZDH) im dritten Quartal 2007 durchgeführt wurde belegt, dass die Auslandsaktivitäten der Handwerksunternehmen in Zukunft steigen werden.

Diese Entwicklung ist auch für die Sachverständigen des Handwerks von großer Bedeutung und sie sollten deshalb diese Aufgaben aktiv angehen. Ziel muss es sein, dass auch grenz-

---

[115] Vgl. Floter, B. (2007). a.a.O. S. 11
[116] Vgl. Bayerlein, W. (2002). a.a.O. S. 91

überschreitende Sachverständigenaufgaben im Interesse aller Beteiligten zufriedenstellend ausgeführt werden können.

9.4 Weiterentwicklung

Die Zusammenarbeit und der Erfahrungsaustausch zwischen den europäischen Sachverständigen sollte weiter ausgebaut werden, wie dies bereits bei der Organisation EuroExpert praktiziert wird.

Die Weiterbildung der Sachverständigen sollte, in Bezug auf den europäischen Binnenmarkt, gefördert werden.

68 % der Sachverständigen, die an der Umfrage teilgenommen haben, würden es begrüßen, wenn die Handwerkskammern eine Möglichkeit einer europaweiten Anerkennung (Zertifizierung) fördern würde.

Diese Ausarbeitung ist eine weitere Forschungsaufgabe.

I Literaturverzeichnis

Abel. J./Möller, R./Treumann, K. (1998). Einführung in die empirische Pädagogik. Stuttgart: Kohlhammer Verlag.

Atteslander, P. (2003). Methoden der empirischen Sozialforschung. 10. Aufl. Berlin, New York: de Gruyter Verlag.

Vgl. Bayerlein, W. (2002) Praxishandbuch Sachverständigenrecht. 3. Aufl. München: C.H. Beck Verlag.

Bennemann, S. (2002). Die Zustellung als Marketing-Problem im E-Commerce für Konsumenten. Dissertation. Universität Braunschweig. Braunschweig: Möllenberg Verlag.

Bleutge, K. (2006). Das Sachverständigenwesen in Europa- Aktuelle Fragen und Antworten 1. Aufl. Köln: asmuth satz & druck.

Bortz, J. (1993). Statistik: Für Human- und Sozialwissenschaften. 6. Aufl. Berlin, Heidelberg: Springer Verlag.

Cors, K. (2006). Handbuch Sachverständigenwesen. 4. Aufl. Essen: Vulkan Verlag.

Diekmann, A. (2005). Empirische Sozialforschung. Grundlagen, Methoden, Anwendungen. Reinbek: Rowohlt Verlag.

Dillmann, D. A. (1978). Mail and Telephone Surveys. The Total Design Method. New York: Wiley.

Europäische Länder. Link: http://europa.eu/abc/european_countries/index_de.htm 28.6.2008
Die EU auf einen Blick. Link: http://europa.eu/abc/european contries/index de.htm 1.7.2010

EuroExpert - Die Organisation für europäische Fachgesellschaften. Link: http://cms.euroexpert.org/cms/front_content.php?idart=, 52, 4.7.2010

Das Portal der Europäischen Union. (Hrsg.). Fakten und Zahlen über Europa und die Europäer. Link: http://europa.eu/abc/keyfigures/sizeandpopulation/howmany/index_de.htm #chart, 4 3.7.2010

Floter, B. (2007). Das Sachverständigenwesen in Europa- Aktuelle Fragen, Antworten und Perspektiven. In: Der Sachverständige, 34. Jg. München Frankfurt am Main: Verlag C. H. Beck.

Friedrichs, J. (1990). Methoden empirischer Sozialforschung. Opladen: Westdeutscher Verlag.

Haas, R./Frost, A. (2009). Der Sachverständige des Handwerks Grundlagen. Checklisten. Praxisbeispiele. 6. Aufl. Stuttgart: Alfons W. Genter Verlag GmbH & Co. KG.

Höfte-Frankenhauser, K, Wälty H. F. (2009). Marktforschung. Grundlagen mit zahlreichen Beispielen, Repititionsfragen mit Lösungen und Glossar. 2. Aufl. Zürich: Compendio Bildungsmedien AG.

Homburg, Ch./Rudolf, B. (1995). Wie zufrieden sind Ihre Kunden tatsächlich? In: Harvard Buisiness Manager. Heft 1.

Hüttner, M. (1999). Grundzüge der Marktforschung. 7. Aufl. München: Oldenbourg Wissenschaftsverlag.

Keldungs, K. H./Arbeiter, N. (2007). Leitfaden für Bausachverständige-Rechtsgrundlagen-Gutachten-Haftung 2. Aufl. Wiesbaden: GWV Fachverlag GmbH.

Kirchhoff, S./Kuhnt, S./Lipp, P./Schlawin, S. (2003). Der Fragebogen. Datenbasis, Konstruktion und Auswertung. 3. Aufl. Wiesbaden: VS-Verlag.

Kromrey, H. (2002). Empirische Sozialforschung. Modelle und Methoden der standardisierten Datenerhebung und Datenauswertung. 10. Aufl. Opladen: Westdeutscher Verlag.

Link: Landgericht Osnabrück (Hrsg.). Link: 2004http://www.landgericht-osnabrueck.niedersachsen.de/master/C5846343_N5834597_L20_D0_I4798959.html (22.4.2010)

Lienert, Gustav A. (1989). Testaufbau und Testanalyse. München: Psychologie Verlags Union.

Raithel, J. (2008). Quantitative Forschung – ein Praxiskurs. 2. Aufl. Frankfurt: VS Verlag für Sozialwissenschaften.

REGIERUNGonline - Europa - 12 Vorteile für Deutschland. Link:http://www.bundesregierung. de/nn_87716/Content/DE/Archiv16/Artikel/2007/01/2007-01-04-zwoelf-vorteile-der-eu-fuer-deutschland.html, 7.7.2010

Reinicke, S. (2004). Marketing–Performance–Management. Empirisches Fundament und Konzeption für ein integriertes Marketingkennzahlensystem. 1. Aufl. Wiesbaden: Deutscher Universitäts-Verlag/GWV Fachverlag GmbH.

Schnell, R./Hill, P. B./Esser, E. (2005). Methoden der empirischen Sozialforschung. München: Oldenbourg Wissenschaftsverlag.

Schumann, S. (2000). Repräsentative Umfrage – Praxisorientierte Einführung in empirische Methoden und statistische Analyseverfahren. 3. Aufl München, Wien: Oldenbourg Wissen-schaftsverlag.

Staud, M. (2004). The remuneration of Experts in Euope- a Comparision, Leipzig: Mitglieder-versammlung IfS.

Strahlenschulde, E. D. (2007). EUROPA EIN (ÜBER) BLICK Zeitbilder, Bonn: (Hrsg.) Bundeszentrale für politische Bildung.

IfS (Hrsg.). (2010). Beitrag Institut für Sachverständigenwesen e.V. Startseite Sachverständige, Link: http://www.ifsforum.de/detail.php?id=1635&parent=, 71, 22.6.2010

Beitrag der IHK. (Hrsg.). Überblick über die Aufgaben von Sachverständigen, (FAQ) Link: http://svv.ihk.de/svv/content/home/faq.ihk?cid=122044, 22.6.2010

Vogel, R. (2007). Wie weit ist es bis Europa. 34. Jg. München Frankfurt a. M: C. H. Beck Verlag

Universität Freiburg, Link: http://www.germanistik.uni-freiburg. de/dafphil/internetprojekte/ projekte5/deutschlandreise, /home.html, 7.7.2010

Weiss, P. (2007). ZDH. (Hrsg.) Überregionaler Absatz und Einkauf des Handwerks, Link: http://www.zdh.de/wirtschaft-und-umwelt/konjunktur-umfragen/sonderumfragen/ueberregionaler -absatz-und-einkauf-des-handwerks.html 5.7.2010

II Verzeichnis der Studien und Erhebungen

Weiss, P. (2007). ZDH. (Hrsg.) Überregionaler Absatz und Einkauf des Handwerks, Link: http://www.zdh.de/wirtschaft-und-umwelt/konjunktur-umfragen/sonderumfragen/ueberregionaler-absatz-und-einkauf-des-handwerks.html 5.7.2010

Bleutge. K. (2006). Das Sachverständigenwesen in Europa - Aktuelle Fragen und Antworten. 1. Aufl. Köln: asmuth satz & druck.

III Rechtsprechung und Rechtsquellen

Richtlinie 2006/123/EG des Europäischen Parlaments und des Rates vom 12.12.2006 über Dienstleistungen im Binnenmarkt, Amtsblatt der Europäischen Union, L 376/36 DE, Ausgabe 27.12.2006

Zitat BVerwG, Urteil vom 06.02.1997 - I ZR 234/94 (OLG München)

Mitteilung der Kommission im Rahmen der Durchführung der Verordnung (EG) Nr. 765/2008 des Europäischen Parlaments und des Rates, Beschluss Nr. 768/2008/EG des Europäischen Parlaments und des Rates, Verordnung (EG) Nr. 761/2001 des Europäischen Parlaments und des Rates DE Amtsblatt der Europäischen Union C 136/29

IV Abbildungsverzeichnis

V Tabellenverzeichnis

VI Abkürzungsverzeichnis

a.a.O.	am angegebenen Ort
Abb.	Abbildungen
Abs.	Absender
Aufl.	Auflage
BGB	Bürgerliches Gesetzbuch
BGH	Bundesgerichthof
BverwG	Bundesverwaltungsgericht
BVS	Bundesverband öffentlich bestellter und vereidigter sowie qualifizierter Sachverständiger
bzw.	beziehungsweise
ebd.	ebenda, ebendort
DE	Deutschland
DEKRA	Deutscher Kraftfahrzeug Überwachungsverein
DIN	Deutsches Institut für Normung
Dr.	Doktor
EN	Europa Norm
e.V.	eingetragener Verein
FAQ	Frequently Asked Questions
ff	fortfolgend
GewO	Gewerbeordnung
GmbH	Gesellschaft mit beschränkter Haftung
GTÜ	Gesellschaft für technische Überwachung mbH
Hrsg.	Herausgeber
HTTP	Hypertext Transfer Protocol Overview
HTML	Hypertext Markup Language
Hwk	Handwerkskammer
HwO	Handwerksordnung
IEC	Internationale elektrotechnische Kommission
ISO	Internationale Organisation für Normung
IfS	Institut für Sachverständigenwesen
IHK	Industrie und Handelskammer
JG.	Jahrgang
Nr.	Nummer
Mil.	Millionen
MwSt	Mehrwertsteuer

Ö. b. u. v.	Öffentlich bestellt und vereidigt
OLG	Oberlandesgericht
S.	Satz / Seite
StPO	Strafprozessordnung
TGA	Trägergemeinschaft für Akkreditierung GmbH
TÜV	Technischer Überwachungsverein
u.	und
u.a.	und andere
URL	Uniform Resource Locator
usw.	und so weiter
Vgl.	Vergleiche
WWW	World Wide Web
z.B.	zum Beispiel
ZDH	Zentralverband des deutschen Handwerks
ZPO	Zivilprozessordnung

VII Anlagen

Anlage 1 – Umfrage und Pretest

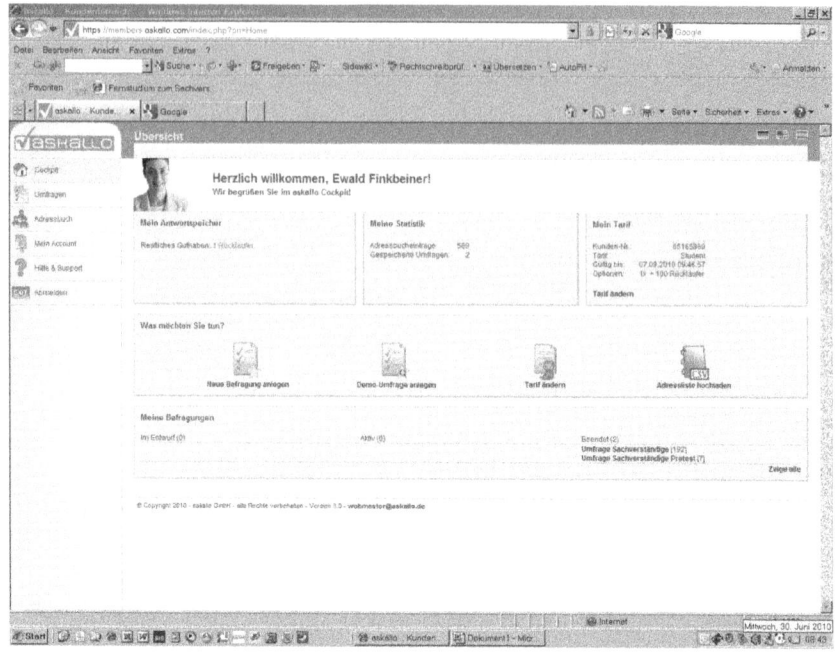

Anlage 2 – Umfrage – Dokumentation Rückläufer

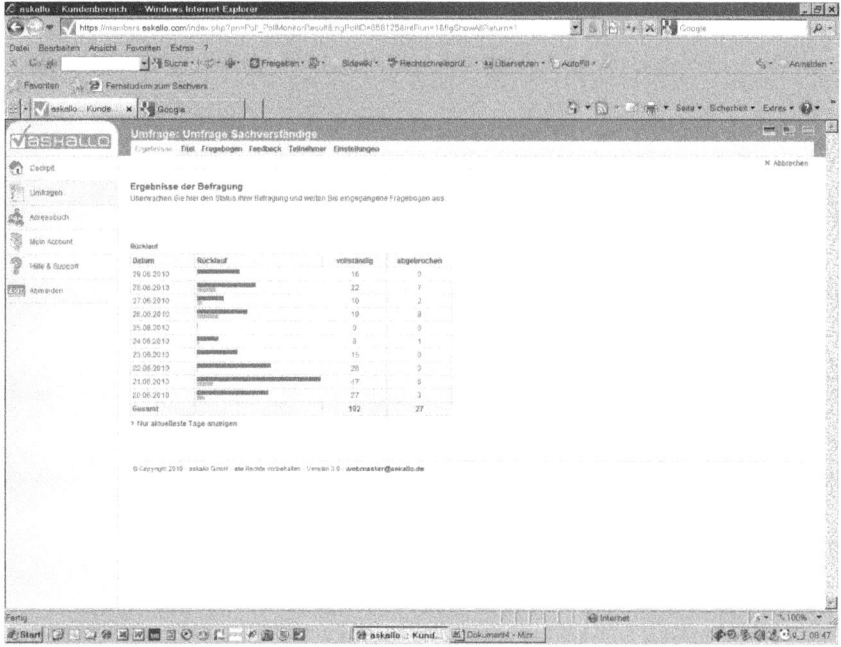

Anlage 3 – Umfragehistorie

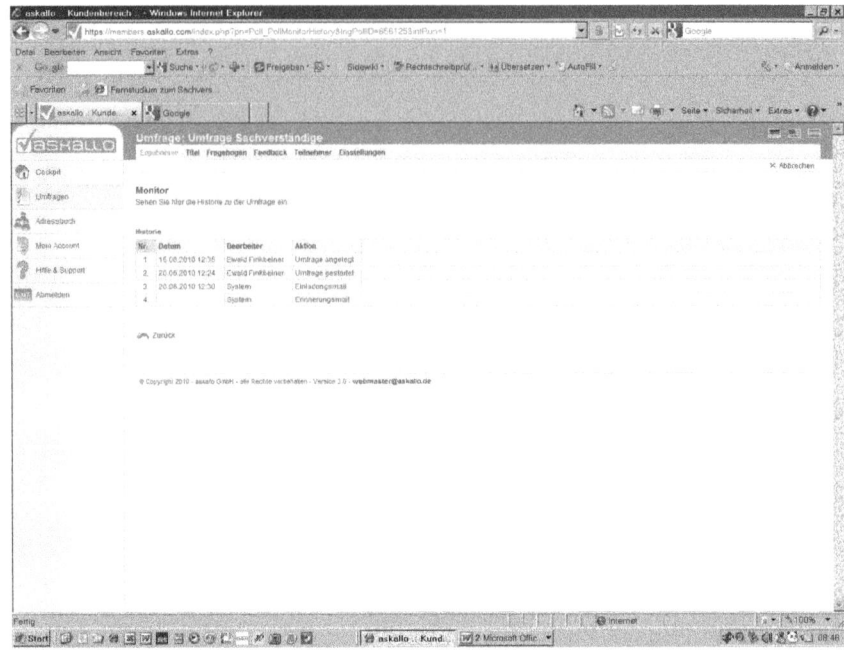

Umfrage zum Sachverständigenwesen

1. Allgemeine Fragen, die für die Auswertung benötigt werden.

In welchem Bundesland sind Sie tätig?

○ Baden-Württemberg

○ Bayern

○ Berlin

○ Brandenburg

○ Bremen

○ Hamburg

○ Hessen

○ Mecklenburg-Vorpommern

○ Niedersachsen

○ Nordrhein-Westfalen

○ Rheinland-Pfalz

○ Saarland

○ Sachsen

○ Sachsen-Anhalt

○ Schleswig-Holstein

○ Thüringen

○ Keine Angaben

2.	Wie lange sind Sie bereits als Sachverständiger tätig?

○ 1-5 Jahre

○ 5-10 Jahre

○ 10-20 Jahre

○ Über 20 Jahre

○ Keine Angaben

3.	In welchem geografischen Entfernungssektor (Umkreis) sind Sie als Sachverständiger tätig?

○ bis 50 Km

○ bis 100 Km

○ bis 200 Km

○ über 200 Km

4.	Durch die Öffnung des europäischen Binnenmarktes haben Sie als Sachverständiger die Möglichkeit Ihre Arbeit europaweit zu tätigen.

Frage: Bei Ihrer Sachverständigenarbeit sind Sie da mittlerweile auch im europäischen Ausland tätig?

○ Ja

○ Nein

○ Keine Angaben

5. Durch die Öffnung der europäischen Märkte haben Sie die Möglichkeit, auch im benachbarten Ausland tätig zu werden. Beabsichtigen Sie in Zukunft Ihre Sachverständigenarbeit auch im Ausland zu tätigen?

- ○ Ja
- ○ Nein
- ○ Keine Angaben

6. Wenn Sie kein Interesse an der Tätigkeit im Ausland haben, welche Gründe spielen dabei eine Rolle (mehrere Antworten sind möglich)?

- ☐ Mangelnde Fremdsprachenkenntniss
- ☐ Zeitmangel
- ☐ Fehlende Sachkenntnisse
- ☐ Keine Angaben

7. Beabsichtigen Sie sich in den kommenden Jahren im Sachverständigenwesen, mit Fokus auf den europäischen Tätigkeitsbereich, verstärkt fortzubilden?

- ○ Ja, mit europaweiter Ausrichtung
- ○ Ja, mit Fokus auf die nationalen Auswirkungen
- ○ Ja, mit Ausrichtung auf die Nachbarstaaten.
- ○ Nein
- ○ Keine Angaben

8. Können Sie sich im Rahmen Ihrer weiteren Sachverständigentätigkeit eine Zusammenarbeit mit Kollegen im europäischen Ausland vorstellen?

○ Ja , als Kooperation

○ Ja, als Netzwerk - jedoch jeder selbstständig

○ Ja, im engen Verbund

○ Weiß ich noch nicht

○ Nein

○ Keine Angaben

9. Fürchten Sie, durch die europaweite Öffnung, dass Ausländische Sachverständige vermehrt auf dem nationalen Markt agieren?

○ Ja

○ Nein

○ Weiß nicht

○ Keine Angaben

10. Die Möglichkeit europaweit tätig zu sein, sehen Sie dadurch persönliche Vorteile für Ihre Tätigkeit?

○ Ja

○ Nein

○ Weiß nicht

○ Keine Angaben

11. Das deutsche Modell, mit der öffentlichen Bestellung und Vereidigung der Sachverständigen, konnte sich in der europäischen Union nicht durchsetzen. Dieses Modell war und ist allerdings bei den europäischen Nachbarn eher unbekannt. Bei ihnen dominiert dagegen bereits seit Langem das Prinzip der Zertifizierung.

Sind Sie neben Ihrer öffentlichen Bestellung als Sachverständiger auch als Zertifizierter Sachverständiger registriert?

○ Ja

○ Nein

○ Keine Angaben

12. Als öffentlich bestellter und vereidigter Sachverständiger können Sie sich auch zusätzlich zertifizieren lassen. Beabsichtigen Sie dies zu tun?

○ Ja

○ Nein

○ Keine Angaben

13. Da die europäischen Gesetze in den einzelenen Mitgliedsländern umgesetzt werden müssen, werden wir in naher Zukunft, nicht um eine Europakonforme Regelung der Zertifizierung kommen.

Würden Sie es daher begrüßen, wenn die Bestellungskörperschaften (Handwerkskammern) eine Möglichkeit einer Europaweiten Anerkennung (Zertifizierung) fördern würde.

○ Ja

○ Nein

○ Weiß nicht

14. Unterstellt Sie gehen von Vorteilen durch eine Zertifizierung aus. Wie würden Sie diese Vorteile bezeichnen (mehrere Antworten sind möglich)?

☐ Mehr Umsatz

☐ Mehr Reputation

☐ Mehr Anerkennung

☐ Konkurrenzschutz

☐ Marktbehauptung

15. Wie sehen Sie die zukünftige Entwicklung der Qualität der Sachverständigendienstleistung durch die europaweite Marktöffnung.

○ Qualitätsstandard bleibt gleich

○ Qualitätsstandard verbessert sich

○ Qualitätsstandard verschlechtert sich

○ Weiß nicht

○ Keine Angaben

Fragebogen absenden »»

Anlage 5 – Umfrage - Abbruchstatistik

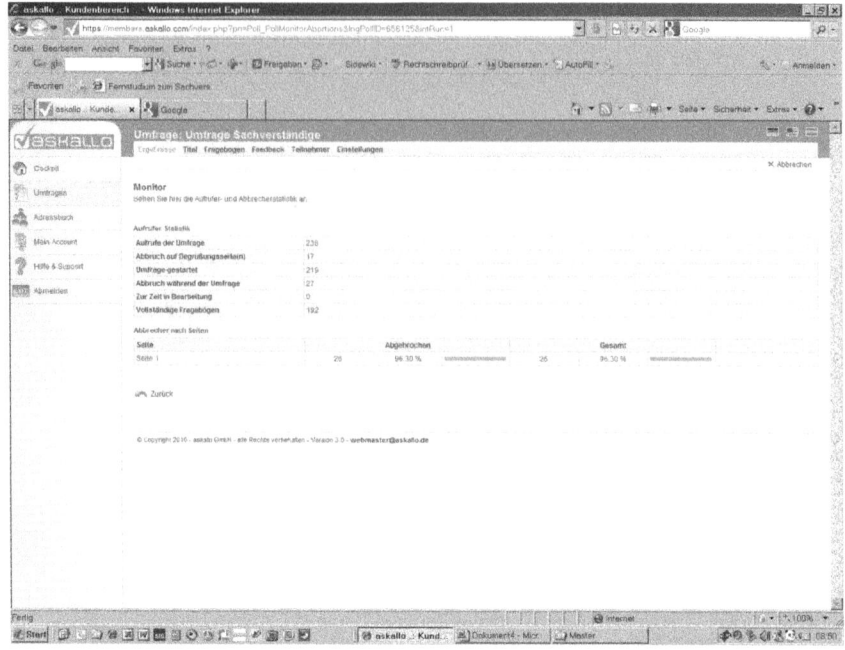

Anlage 6 – Umfragen – Dokumentation

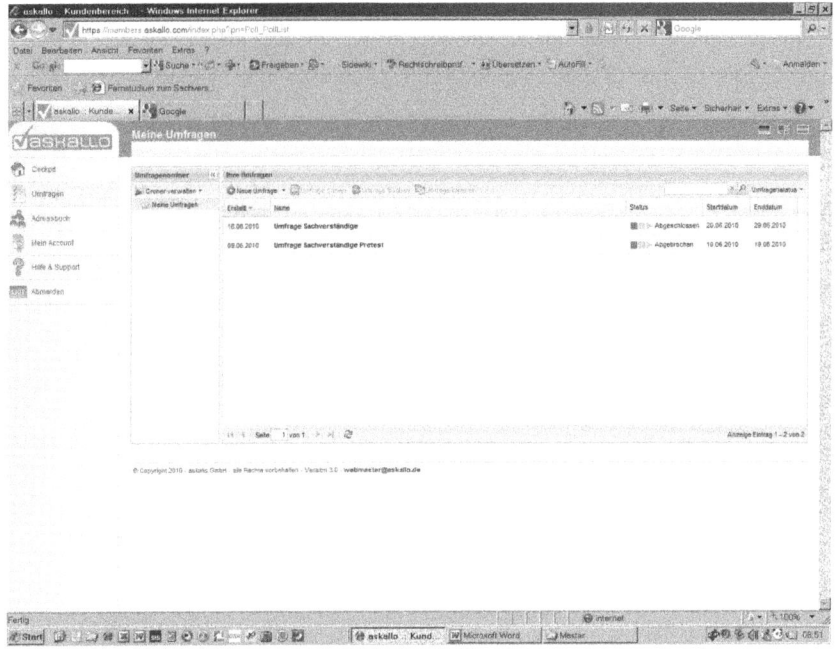

Lightning Source UK Ltd.
Milton Keynes UK
UKHW041642070119
335148UK00001B/210/P